# 처음 읽는 대학·중용

주희 엮음 | 홍승직 옮김

행성B잎새

주희朱熹
1130년 ~ 1200년

# 보다 쉽고
# 친숙하게 풀이한 대학·중용

"왜 학교에 다니는가?"

위와 같이 물으면 어떤 대답이 나올까? 이유를 알아서, 목표를 세워서 학교를 다니기 시작하는 사람이 과연 얼마나 있을까? 그저 다닐 나이가 되어서, 남들 모두 다니니까 학교에 다니기 시작할 것이다. 그러다가 어느 정도 지식이 쌓이고 생각이 트이면, 그제야 자문하게 될 것이다.

"왜 학교에 다니는가?" "공부는 왜 하나?"

이에 대해 예로부터 제시한 대답이 《대학大學》이라는 고전이다. '대학大學'은 '소학小學'에 상대하여 붙인 명칭이다. 생활에 필요한 기능, 글자, 산수, 운동 등을 배우는 것이 '소학小學'이라면, 자신의 인격을 완성하고 세상을 경영할 철학, 윤리, 정치, 법률 등을 배우는 것이 '대학大學'이었다. 그래서 《대학》은 사람이 누구나 타고난 인격 완성 가능성을 발현하여 자신의 인격을 완성하고, 세상 모든 사람이 인격을 완성하도록 돕고, 세상에 질서가 잡히도록 하는 길을 추구해야 함을 시종일관 강조한다.

사람은 세상에 태어나면 자신의 인격 완성을 위해 '수양'해야 하고, 그러한 사람과 사람이 어울리기 위한 '처세'를 해야 한다. 어떻게 자신을 수양할 것이며, 처세는 어떻게 할 것인지 길잡이가 되는 것이 《중용中庸》이다. 지나치지도 못 미치지도 않는 지점을 택하여 흔들림이 없이 처신하는 것이 중용이다. 그런데 이것이 말처럼 쉬운 게 아니다. 중용에서 추구하는 '중中'은 수치적 중간이 아니다. 따라서 '중中'은 '가운데'라고 풀이하기보다 '적절함' 또는 '알맞음'으로 풀이된다. 세상만사 처세에서 가장 적절한 상태를 끊임없이 탐구하고 실천하는 것을 강조한다. 이렇게 《대학》과 《중용》은 유가사상에서 진정한 배움과 실천의 길에 들어서는 학생에게 나아갈 방향을 제시하는 길잡이 역할을 했다. 책임과 부담을 지우기보다는 희망과 포부가 넘치고 열정이 끓어오르게 하는 기능을 했다.

유가儒家의 경전은 '삼경三經: 《시경》, 《서경》, 《역경》'이 일컬어지던 때도 있었고, '오경五經: 《시경》, 《서경》, 《역경》, 《예기》, 《춘추》' 또는 '육경六經: 《악경》 추가'이 일컬어지던 때도 있었고, '십삼경十三經'이 일컬어지던 때도 있었다. 그러나 그 어디에도 《대학》과 《중용》은 없다. 어찌 된 일인가? 《대학》과 《중용》은 《예기》 안에 들어 있기 때문이다. 즉 '오경'이 일컬어지던 때부터 이미 중시되었던 것이다. 그런데 왜 굳이 끄집어내 독립된 편으로 편집하였을까?

《예기》 안에 들어 있던 《대학》과 《중용》을 중시하여 독립시킨 사람은 송나라 때 주희朱熹이다. 주희는 유가사상의 시조로 일컬어지는 공자와 약 1,600여 년 시차를 두고 활약한 사람이다. 한나라 때부터 국가 통치 이념으로 권위를 누렸던 유가사상은 이후 도가사상과 불교사상이 유행하여 세력을 떨침에 따라 지위와 권위가 예전만 못하게 되었다. 그래서 주희는 유가사상을 새롭게 부흥시키고자 하여 유가사상의 핵심 내용을 쉽고 일목요연하게 담았다고 평가되는 《대학》과 《중용》을 독립시켜 강조하게 되었다. 《예기》를 다 보진 못해도 그 중 《대학》과 《중용》은 꼭 봐야 한다는 뜻에서다. 그래서 《대학》과 《중용》에 《논어》와 《맹자》를 더하여 '사서四書'를 중요시하게 되었다. 《논어》와 《맹자》는 윤리와 정치에 피가 되고 살이 되는 금언을 모아놓은 어록 위주의 고전이라면, 《대학》과 《중용》은 일목요연하게 이론을 정립한 고전이라고 하겠다. 공자 이후 약 1,600여 년 만에 주희가 제창한 새로운 유학을 '신유학' 또는 '주자학'이라고 부른다. 그래서 '사서'는 주자학에서 기본 고전이 되었다.

《대학》과 《중용》은 유가사상의 이론을 정리한 기본 고전이기도 하면서, 지금에 와서는 한문 공부의 입문서로도 각광을 받고 있다. 그 내용이 동양 학문 정신의 기본적 목표와 이론을 담고 있으면서, 그 문장이 간결하고 세련되어 한문의 기본 문맥을 익히기에 적합하기 때문이다. 역자 역시 《대학》을 통하여 한문의 세계에 첫발을 들여놓았다. 그때의 막막함과 설렘을 떠올리며, 이를 통해 한문과 고전의 세계에 들어올 후학에게 좀 더 친근하고 쉬운 번역과 해설이 되도록 심혈을 기울이고자 했다.

아산 신창에서, 홍승직

| 차 례 |

옮긴이의 말 ···07

**대학장구서**大學章句序_주희의 대학 해설서 ···16
경1장. **대학지도**大學之道_대학은 어떤 가치를 추구하는가 ···32
전1장. **명명덕**明明德_밝은 덕을 밝히다 ···44
전2장. **신민**新民_백성을 새롭게 하여 이끌다 ···46
전3장. **지어지선**止於至善_지극히 선한 경지에 머물다 ···50
전4장. **지본**知本_근본을 알다 ···60
전5장. **격물치지**格物致知_사물의 이치를 알고 지식을 세우다 ···64
전6장. **성의**誠意_정성스러운 마음을 갖다 ···70
전7장. **정심**正心_마음을 바르게 가다듬다 ···78
전8장. **수신**修身_악을 물리치고 선을 북돋아 마음을 닦다 ···82
전9장. **제가**齊家_집안을 바르게 다스리다 ···88
전10장. **치국**治國_나라를 다스리는 길을 찾다 ···102

**중용장구서**中庸章句序_주희의 중용 해설서 ···136
제1장. **성**性, **도**道, **교**敎란 무엇인가 ···154
제2장. **군자와 소인의 중용에 대하여** ···164
제3장. **중용을 행할 수 있는 자는 누구인가** ···170
제4장. **중용은 가까운 곳에 있다** ···172
제5장. **지나치거나 모자라지 않는 중용의 덕** ···174
제6장. **순**舜의 지혜 ···176
제7장. **중용을 지키고 실천하는 힘** ···180

제8장. 중용을 간직한 안회顔回 ···182

제9장. 한순간도 떠날 수 없는 마음 ···184

제10장. 강인함에 대하여 ···186

제11장. 내면을 성실히 다지는 일 ···190

제12장. 광대하면서도 은미한 군자의 도道 ···194

제13장. 도道는 가까이에 있다 ···198

제14장. 분수에 맞게 처신하는 군자의 길 ···204

제15장. 가까운 곳부터 시작하라 ···208

제16장. 성대한 음양의 조화 ···212

제17장. 순舜의 큰 효 ···216

제18장. 문왕의 예 ···220

제19장. 무왕과 주공의 효 ···226

제20장. 정치와 수양의 근본 ···232

제21장. 선으로 밝아지다 ···260

제22장. 천지와 함께 나란히 서다 ···262

제23장. 지성에 이르는 길 ···266

제24장. 신과 같은 지성의 도道 ···268

제25장. 자기를 이루는 인仁, 만물을 이루는 지知 ···272

제26장. 하늘과 땅의 도道 ···276

제27장. 현명하고 지혜로운 덕성 ···284

제28장. 길은 가까이에 있다 ···288

제29장. 세 가지 덕德 ···294

제30장. 위대함을 이루다 ···298

제31장. 만백성을 보살펴 이끌다 ···302

제32장. 넓고 깊은 진실무망 ···306

제33장. 군자의 도道 ···310

大學

대학

# 대학장구서

## 大學章句序

주희의 대학 해설서

《대학》은 옛날 태학에서 사람을 가르치던 내용을 담은 책이다. 하늘은 사람이 태어날 때부터 이미 인仁·의義·예禮·지智의 본성을 부여하지 않은 경우가 없었다. 그러나 타고난 기질이 한결같을 수 없었다. 이러한 이유로 그러한 본성을 부여받았다는 것을 누구나 알아서 온전히 지킬 수는 없었다. 총명하고 지혜로워 그러한 본성을 모두 발현할 수 있는 자가 나타나면, 하늘은 반드시 그에게 명하여 억조창생의 군주 및 스승이 되게 하여, 사람들을 다스리고 가르쳐서 본성을 회복하게 하도록 했다. 이리하여 복희·신농·황제黃帝·요·순이 하늘의 뜻을 이어 만인의 법도를 세우고, 사도의 직책과 전악의 관직이 설치되게 되었다.

○ 학교를 일컬을 경우에는 '大學'을 '태학'이라고 읽는다. '太學'이라고 쓰기도 한다. 대大의 옛날 발음이 '태'라고 하며, 대大와 태太는 통용했다. 학교 태학은 소학小學과 상대되는 것으로, 소학은 옛날 기초교육기관이었고, 태학은 고등교육기관이었다. 즉,《대학》은 옛날 기초교육과정인 소학을 마치고 태학에 입학하여 공부한 내용을 담은 책이란 뜻이다. 이 점에서 《대학》은 오늘날 대학의 기본교양과목 교재와 같은 성격이라고 할 수 있다.

유가儒家 사상의 근본 인식은 사람의 본성은 선하다는 것에 있다. 하늘이 세상 사람에게 인·의·예·지의 본성을 주어 타고나게 했다는 것은 이를 말한 것이다. 인·의·예·지는 곧 사람이 타고난 본성인 선의 실천이다. 맹자孟子는 사람의 본성이 선하다는 것의 구체적 증거로 사람은 누구나 측은惻隱·수오羞惡·사양辭讓·시비是非의 마음을 가지고 있다는 사단설四端說을 제시했다.

사람이 누구나 선한 본질을 타고났다면 악한 사람이 존재하는 이유는 무엇인가? 타고난 기질이 다르기 때문이라고 보았다. 기질은 욕망을 말하며, 성性에 대립되는 정情이 작용하는 것으로 보았다. 즉, 사람은 선한 본질과 함께 욕망의 요소도 타고나므로, 어떻게 욕망의 요소를 누르고 타고난 선의 본질을 지키느냐가 옛 성현의 과제였다.

총명하고 지혜로워 인간 세계에서 타고난 본성을 깨달아 온전히 실현할 수 있는 자가 성인聖人이라고 했다. 따라서 하늘은 천하의 만민을 다스리고 이끌어서 함께 인간다운 길로 나아가도록 하게 하라는 임무를 성인에게 부여한다. 성인이 최고의 자리에 올라서 만인의 군주이자 스승으로 자리 잡는 것이 가장 이상적인 정치 형태이다.

성인이 인간 세계 최고의 자리에 올라 만인의 군주이자 스승으로 자리 잡는 이상적 정치가 구현됐던 시절은 복희·신농·황제黃帝·요·순의 시절이었다. 이들이 행했던 정치의 정신을 이어받아 다시 구현하는 것이 후대 통치자의 임무이자 목표였다. 여기서 도통道統이라는 개념이 나왔다. 즉, 옛날 성왕에게서 구현된 이후 후대 통치자에게 계속 전승된 치세의 정신을 말한다.

---

大學之書, 古之大學所以敎人之法也.
대학지서 고지태학소이교인지법야

蓋自天降生民, 則旣莫不與之以仁義禮智之性矣.
개자천강생민 즉기막불여지이인의례지지성의

然其氣質之稟或不能齊, 是以不能皆有以知其性之所有而全之也.
연기기질지품혹불능제 시이불능개유이지기성지소유이전지야

一有聰明睿智能盡其性者出於其間, 則天必命之以爲億兆之君師,
일유총명예지능진기성자출어기간 즉천필명지이위억조지군사

使之治而敎之, 以復其性.
사지치이교지 이복기성

此伏羲·神農·黃帝·堯·舜·所以繼天立極,
차복희 신농 황제 요 순 소이계천립극

而司徒之職·典樂之官所由設也.
이사도지직 전악지관소유설야

하·상·주 삼대가 융성하면서 법도가 점차 제대로 갖추어졌고, 그 후 왕궁이 있는 나라의 수도로부터 전국 각지 마을과 길목에 이르기까지 학교가 없는 곳이 없었다. 사람이 태어나 여덟 살이 되면, 왕공으로부터 이하 서민 자제에 이르기까지 모두 소학에 입학시켜, 물 뿌리고 쓸고, 응대하고, 나아가고, 물러나는 등 생활 예절을 가르치고, 예의·음악·활쏘기·말타기·글자·산수 등 교양 지식을 가르쳤다. 나이 열다섯이 되면, 천자의 직계 장손 및 여러 방계 왕자로부터 공·경·대부·원사元士의 적자와 서민에 이르기까지 뛰어난 사람이 있으면 모두 태학에 입학시켜, 만물의 이치를 탐구하고 마음을 바르게 하고 자신을 수양하고 사람을 다스리는 방법을 가르쳤다. 이리하여 또한 학교 교육이 소학과 태학으로 단계가 나뉘어졌다.

○ 삼대란 하夏·상商·주周 세 왕조를 말한다. 복희·신농·황제·요·순으로 이어지던 도통은 다시 하나라 우왕禹王·상나라 탕왕湯王·주나라 문왕文王과 무왕武王에게로 전수되었다. 그래서 삼대는 옛 전통을 이어받아 중국의 정치와 문화에 찬란한 꽃을 피운 상징적 시대가 되었다. 따라서 주희는 문화가 융성한 이 시기에 학교 즉, 교육 제도도 완비되었다고 말하는 것이다.

소학은 기초교육기관이다. 따라서 지위의 고하와 신분의 귀천을 막론하고 여덟 살이 되면 소학에 입학시켜서 필수 예절과 규범을 가르쳤다는 말이다. 여기서 말하는 예의·음악·활쏘기·말타기·글자·산수 등이 이른바 육예六藝로, 옛날 소학의 필

수 교육 과목이었다.

공·경·대부·원사는 옛날 통치 계급이었던 귀족의 서열을 일컫는 말이다. 각 계급에도 또한 상·중·하 구분이 있었다. 그중 원사元士란 천자天子의 상사上士 계급을 말한다. 이들 귀족 자제와 서민 자제 중 뛰어난 사람은 열다섯 살이 되면 또한 태학에 입학시켜 고등교육을 실시했다는 것이다. 태학 교육 내용은 소학에서 배운 일상의 예의와 규범을 바탕으로 점차 차원 높은 학문 영역으로 진입하게 했다. 여기에서 말한 만물의 이치를 탐구하고, 마음을 바르게 하고, 자신을 수양하고, 사람을 다스리는 것 등이 태학의 교육 내용이다.《대학》은 바로 이 시기 기본 교재였다는 말이다.

三代之隆, 其法寖備, 然後王宮·國都以及閭巷, 莫不有學.
삼대지륭 기법침비 연후왕궁 국도이급려항 막불유학

人生八歲, 則自王公以下, 至於庶人之子弟, 皆入小學,
인생팔세 즉자왕공이하 지어서인지자제 개입소학

而敎之以灑掃·應對·進退之節, 禮樂·射御·書數之文.
이교지이쇄소 응대 진퇴지절 예악 사어 서수지문

及其十有五年, 則自天子之元子·衆子, 以至公·卿·大夫·
급기십유오년 즉자천자지원자 중자 이지공 경 대부

元士之適子, 與凡民之俊秀, 皆入大學, 而敎之以窮理·正心·修己·治人之道.
원사지적자 여범민지준수 개입태학 이교지이궁리 정심 수기 치인지도

此又學校之敎·大小之節所以分也.
차우학교지교 대소지절소이분야

학교를 설치한 것이 위와 같이 광범위하였고, 교육 과정 또한 위와 같이 상세하게 단계를 정하고 조목을 나눴다. 교육의 내용은 또한 통치자가 몸소 행하고 마음으로 깨닫는 것에 근본하였으며, 백성이 평소 생활하고 날로 사용하는 평상의 윤리를 벗어난 것에서 찾으려 하지 않았다. 그러므로 당시 사람 중 배우지 않은 사람이 없었고, 배운 사람이면 하늘이 부여한 본성이 본래 있었다는 것과 직무를 마땅히 실행해야 함을 알지 못하는 사람이 없어, 각자 면려하여 힘을 다하게 했다. 이는 바로 옛날 천하가 홍성했을 때 위에서 바른 정치가 융성하고, 아래에서는 풍속이 아름다웠으며, 후세에 따라잡을 수 있는 것이 아니었다.

○ 삼대 융성의 열쇠는 교육이었음을 강조한 말이다. 이 당시 교육은 사람이면 누구나 가지고 태어나는 성인의 본질을 먼저 체득한 사람이 나중에 체득할 사람을 끌어주고 도와주는 것이었다. 따라서 교육에서 무엇보다 먼저 요구되는 것은 통치자의 솔선수범과 근면 성실과 노력이었고, 쉽고 가깝고 일상적인 것으로부터 출발하는 것이었다. 그 내용은 사람이 평소 생활하고 날로 응용하는 평상의 윤리 이외 것에서 구하지 않았다. 삼대 융성 시기의 교육은 모두에게 혜택이 주어진 교육이요, 누구나 알기 쉽고 실천할 수 있었던 교육이었으므로 당시 사람 중 배우지 않은 사람이 없었고, 배운 사람 중 하늘이 부여한 선한 본성을 알고 실천하며 직무를 다하지 않은 사람이 없었다는 말이다.

처음 읽는 대학·중용

夫以學校之設, 其廣如此, 敎之之術, 其次第節目之詳又如此,
부이학교지설 기광여차 교지지술 기차제절목지상우여차

而其所以爲敎, 則又皆本之人君躬行心得之餘, 不待求之民生日用彝倫之外,
이기소이위교 즉우개본지인군궁행심득지여 부대구지민생일용이륜지외

是以當世之人無不學. 其學焉者, 無不有以知其性分之所固有,
시이당세지인무불학 기학언자 무불유이지기성분지소고유

職分之所當爲, 而各俛焉以盡其力. 此古昔盛時所以治隆於上, 俗美於下,
직분지소당위 이각면언이진기력 차고석성시소이치륭어상 속미어하

而非後世之所能及也!
이비후세지소능급야

주나라가 쇠퇴하자 현명하고 성스러운 통치자가 나타나지 않고, 학교의 제도가 제대로 시행되지 않아 교화가 점차 사라지고 풍속이 점차 퇴폐했다. 그때에는 공자와 같은 성인이 있었으되 만인의 군주와 스승의 지위를 얻어서 정치와 교육을 시행하지 못하였다. 이에 홀로 선왕의 훌륭한 법도를 취하여 제창함으로써 세상에 전하고 후세에 남기게 되었다. 《예기禮記》 중 〈곡례曲禮〉·〈소의少儀〉·〈내칙內則〉 등과 《관자管子》 중 〈제자직弟子職〉 같은 편은 본래 소학에서 가르치던 기초 교육 지류이자 아류였다. 그런데 《예기》 중 《대학》이라는 이 편은 소학에서 배운 기초 교육의 완성을 이어 태학에서 배울 밝은 법을 드러낸 것으로, 밖으로는 그 규모의 커다람을 다하였고, 안으로는 그 절목의 상세함을 다하였다. 3천 명에 달했다는 공자의 제자 중 스승의 강설을 듣지 않은 제자가 없었을 것이지만 오직 증자曾子의 해설이 그 종지宗旨를 얻었으니, 이에 해설을 지어서 그 뜻을 밝혔다. 맹자가 떠난 이후 전승의 계통이 사라져서 비록 책은 남았지만 의미를 아는 사람은 드물었다.

───────────────

○ 주나라가 쇠퇴했다고 한 것은 삼대 융성의 시기가 끝나고 혼란과 분열이 줄을 이은 춘추 전국 시대에 접어든 것을 의미한다. 춘추 전국 시대는 각지에 할거하고 있던 각 제후국이 자기 나라의 부강과 이익을 추구하며 권모술수와 이합집산을 일삼아 전쟁·약탈·분열·합병이 끊임없이 이어졌던 시대이다. 이는 대대로 성인이 전수했던 천하 통치 정신과 질서가 무너

졌음을 의미한다. 이에 따라 학교의 제도도 더 이상 존속되지 못하고, 백성의 풍속도 퇴폐하기에 이른 것이다. 그 이유는 현명하고 성스러운 군주가 더 이상 출현하지 않았기 때문이며, 현명하고 성스러운 자가 출현했다 해도 더 이상 천하의 대권을 가지지 못했기 때문이다.

천하를 통솔하던 권위가 실추되어 주나라가 더 이상 천하의 종주국을 자처할 수 없게 됨으로써 사회가 극심한 혼란에 빠진 것이 춘추 시대이며, 공자는 이 시기를 살았다. 현명하고 성스러운 자가 출현했다 해도 천하의 대권을 더 이상 가지지 못했다고 말했는데, 이는 공자를 말한다. 혼란한 사회를 구제하는 방법으로 공자가 제시한 것은 주나라 통치 질서를 회복하는 것이었다. 이 제안을 받아줄 통치자를 찾아서 천하를 돌아다녔지만, 인간의 도덕성 회복을 추구하기보다는 부국강병을 추구하고 약육강식을 자행하던 당시 각국 군주는 공자의 제안을 받아들이지 않았다. 그래서 공자는 자신의 이상이 펼쳐질 가능성이 없음을 통탄하고 후세에나마 전해주고자 했다는 말이다.

〈곡례〉·〈소의〉·〈내칙〉 등은 《예기》 중 편명으로 가정과 사회의 여러 생활과 행사에 임하여 취해야 할 예법 등을 수록했으며, 〈제자직〉은 《관자》 중 편명으로 스승을 섬기는 제자의 자세를 다루었다.

《대학》은 본래 《예기》의 한 편이었는데, 주희가 특별히 중시하여 하나의 독립된 편으로 편집한 이유를 말하였다. 즉, 《중용》을 제외한 《예기》 중의 다른 편은 기초 교육인 소학의 범주에 속하는 반면에, 《대학》은 소학의 단계를 넘어 한 차원 높은 단계로 나아가는 학문의 영역임을 주장한 것이다. 규모가 크다는 것은 삼강령을 말한 것이요, 절목이 상세하다는 것은 팔조목을 말한 것이다.

증자는 곧 증삼曾參이다. 공자를 따랐던 제자가 3천 명에 달했
는데, 증자는 자기 수양과 효성이 남달리 뛰어났으며, 공자의
뜻을 이어 후세에 전하는 데 가장 공이 큰 제자였다고 한다. 따
라서 춘추 전국 시대 도통 전승의 계통을 보면, 공자에게서 증
자로, 증자에게서 자사子思로, 자사에게서 맹자로 전해졌다는
것이 전통적인 견해이다.

주희는 맹자가 세상을 떠난 이후 자신의 세대에 이르기까지
도통 전승의 계통이 끊겨졌다고 보았다. 따라서 유학儒學 부흥
의 사명을 자임하고 경전을 정리하게 되었으며, 이 과정에서
《대학》과《중용》을 중요 경전으로 채택하여 강조했다.

---

及周之衰, 賢聖之君不作, 學校之政不修,
급주지쇠 현성지군부작 학교지정불수

教化陵夷, 風俗頹敗, 時則有若孔子之聖, 而不得君師之位以行其政教,
교화릉이 풍속퇴패 시즉유약공자지성 이부득군사지위이행기정교

於是獨取先王之法, 誦而傳之以詔後世. 若曲禮·
어시독취선왕지법 송이전지이조후세 약곡례

少儀·內則·弟子職諸篇, 固小學之支流餘裔, 而此篇者, 則因小學之成功,
소의 내칙 제자직제편 고소학지지류여예 이차편자 즉인소학지성공

以著大學之明法, 外有以極其規模之大, 而內有以盡其節目之詳者也.
이저대학지명법 외유이극기규모지대 이내유이진기절목지상자야

三千之徒, 蓋莫不聞其說, 而曾氏之傳獨得其宗, 於是作爲傳義, 以發其意.
삼천지도 개막불문기설 이증씨지전독득기종 어시작위전의 이발기의

及孟子沒而其傳泯焉, 則其書雖存, 而知者鮮矣!
급맹자몰이기전민언 즉기서수존 이지자선의

그로부터 지금까지 속된 유자들이 무조건 암송하거나 자구만 다듬는 것에 익숙하여, 공부에 들이는 공은 소학보다 두 배지만 쓸모가 없었다. 허무와 적멸을 추구하는 이단의 학설은 《대학》보다 훨씬 차원이 높다지만 실속이 없고, 그 외 권모술수를 통하여 공적을 세우고 명성을 얻기에 급급한 일체의 학설과 혹세무민하고 인의를 가로막는 이른바 제자백가라는 온갖 학설의 말류가 어지러이 잡스럽게 출현하여, 군자들로 하여금 불행하게도 큰 도의 요체를 듣지 못하게 하고, 소인들로 하여금 불행하게도 지극한 통치의 혜택을 입지 못하게 하여, 혼미와 침체에 놓이고 고질적인 병폐가 반복되어, 당대唐代 이후 오대五代처럼 쇠퇴의 시대가 되자 도가 무너지고 어지러워짐이 극에 달하였다.

○ 속된 유자들이 무조건 암송하거나 자구만 다듬었다는 것은 맹자 이후 한漢·당唐 시대 학자들이 수양과 치세를 위한 도통의 전승을 담은 경전의 진정한 의미를 깨닫지 못하고 무의미한 암송을 일삼거나 수식에 치중하는 시문 창작에만 몰두한 경향을 비판한 말이다.

허무를 추구하는 것은 도가道家 사상을 말하며, 적멸을 추구하는 것은 불가佛家 사상을 말한다. 한대漢代 이후 당대唐代에 이르기까지 도가 사상과 불가 사상이 상하로 크게 번성했다. 주희는 도가와 불가는 심오하고 차원 높은 내용을 담고 있는 듯하여 사람들의 마음속에 깊이 파고들었지만 천하의 만물을 위한다는 도통의 정신과 배치되므로 이단으로 간주했다. 권모술수를 통하여 공적을 세우고 명성을 얻기에 급급한 학설이란 주로 법가法家 사상을 비난한 말이다. 그 외 춘추 전국 시대에 출현한 제자백가 사상에서 유가儒家를 제외한 모든 사상 유파는 정통이 아니어서 오직 혹세무민했을 뿐이라는 주장이다. 주희는 유가 사상을 정통으로 보면서 자신의 생존 시기였던 송대宋代 바로 이전 오대五代에 이르기까지 중국 사상의 흐름을 이상과 같이 정리했다. 시대와 유파를 막론하고 모든 사상이 중국 사상의 흐름에 깊은 영향을 끼쳤다는 사실을 놓고 볼 때 편협한 견해라고 하겠지만, 유가의 도통 부흥을 자임한 그의 결연한 의지를 엿볼 수 있다.

---

自是以來, 俗儒記誦詞章之習, 其功倍於小學而無用
자시이래 속유기송사장지습 기공배어소학이무용

異端虛無寂滅之敎, 其高過於大學而無實.
이단허무적멸지교 기고과어대학이무실

其他權謀術數, 一切以就功名之說, 與夫百家衆技之流, 所以惑世誣民·
기타권모술수 일체이취공명지설 여부백가중기지류 소이혹세무민

充塞仁義者, 又紛然雜出乎其間. 使其君子不幸而不得聞大道之要,
충색인의자 우분연잡출호기간 사기군자불행이부득문대도지요

其小人不幸而不得蒙至治之澤, 晦盲否塞, 反覆沈痼, 以及五季之衰,
기소인불행이부득몽지치지택 회맹비색 반복침고 이급오계지쇠

而壞亂極矣!
이괴란극의

하늘의 도는 돌고 돌아서, 일단 갔던 것도 다시 돌아오지 않는 것이 없다. 송나라의 덕이 융성하여 통치와 교화가 훌륭하고 밝아지니, 이에 하남 출신 두 분 정씨 선생님이 출현하여 맹자가 전한 뜻을 접할 수 있게 되어, 비로소 이《대학》편의 뜻을 존중하고 믿어, 이를 밝게 드러내고 또한 편차를 정돈하고 의미가 귀착되는 바를 밝혀냈다. 그런 이후 옛날 태학에서 사람들을 가르치던 내용과 성인의 경문經文과 현인의 전문傳文에 담긴 뜻이 다시 세상에 찬란히 밝혀져서, 비록 나와 같이 모자란 사람도 또한 사숙하여 익힐 수 있게 되었다.

그런데 그 책을 살펴보면 흐트러지고 본뜻을 잃은 것이 아직도 상당히 있었다. 그리하여 나 자신의 고루함을 생각하지 않고 구절을 찾아 모으고, 또한 사이사이 내 자신 의견을 감히 첨부하여 빠진 것을 보충해서, 훗날의 군자를 기다린다. 분수에 넘치는 짓이어서 이 죄를 피할 길 없음을 잘 알고 있다. 그러나 나라가 백성을 교화하고 미풍양속을 완성하고, 배우는 자들이 자신을 수양하고 남들을 다스리게 될 때 도움이 되는 것이 꼭 없다고는 할 수 없을 것이다.

순희 기유년1189 이월 갑자일 신안 출신 주희가 서를 쓰다.

처음 읽는 대학·중용

○ 부자夫子는 스승에 대한 최고 존칭이다. 하남 출신 두 정씨 선생님이란 이른바 '이정二程' 즉, 정명도程明道·정이천程伊川 형제를 말한다. 둘은 송대 성리학性理學의 기초를 닦은 인물이다. 주희는 '이정' 형제의 영향을 가장 직접적으로 많이 받았기 때문에 최고 존칭을 사용했다.

주희는《대학》을 경문經文과 전문傳文으로 구분하여 정리했다. 성경현전聖經賢傳이란 이것을 말한 것이다. 경문經文은 성인이 직접 언급한 것이며 전문傳文은 성인에 버금가는 현인이 경을 해설한 것이라는 의미에서 성경현전이라 했다. 사숙이란 직접 배우지는 않았지만 그 사람의 학문과 인격을 흠모하여 배운 것을 말한다.

《대학》의 가치를 높이 산 인물은 이정二程 형제이며, 그 뜻을 받들어《대학》을 새롭게 정리하고 고양시킨 인물이 주희이다. 그런데 이정二程 형제와 주희가 살았던 시기는 약 100년 정도 차이가 나서, 주희도 직접 이정 형제로부터 배운 것은 아니기 때문에 사숙했다고 표현하였다.

주희가 이정二程 형제를 사숙했다고 했지만 그들이《대학》을 해설한 것에는 미흡한 점이 있다고 생각했다. 그래서 여기서 말한 것처럼 자구의 순서를 바로잡고, 자신의 의견을 보충하고, 누락된 부분을 첨가하여,《대학장구大學章句》라고 이름 붙여서 세상에 내놓았다.

이것은 주희의 명성과 더불어 가장 완성된《대학》정리 해설서라고 하여 널리 보급되었으며, 흔히《대학》이라고 하면 일반적으로 주희가 개편 보충한《대학장구大學章句》를 일컫는 것이 되었다.

순희淳熙는 송대 효종孝宗의 연호이다. 순희 기유己酉는 순희

16년으로, 서기 1189년이며, 이때 주희의 나이 60세였다.

天運循環, 無往不復. 宋德隆盛, 治敎休明. 於是河南程氏兩夫子出,
천운순환 무왕불복 송덕융성 치교휴명 어시하남정씨양부자출

而有以接乎孟氏之傳. 實始尊信此篇而表章之, 旣又爲之次其簡編,
이유이접호맹씨지전 실시존신차편이표장지 기우위지차기간편

發其歸趣, 然後古者大學敎人之法·聖經賢傳之指, 粲然復明於世.
발기귀취 연후고자태학교인지법 성경현전지지 찬연부명어세

雖以熹之不敏, 亦幸私淑而與有聞焉. 顧其爲書猶頗放失, 是以忘其固陋,
수이희지불민 역행사숙이여유문언 고기위서유파방실 시이망기고루

采而輯之, 間亦竊附己意, 補其闕略, 以俟後之君子. 極知僭踰, 無所逃罪,
채이집지 간역절부기의 보기궐략 이사후지군자 극지참유 무소도죄

然於國家化民成俗之意·學者修己治人之方, 則未必無小補云.
연어국가화민성속지의 학자수기치인지방 즉미필무소보운

淳熙己酉二月新安朱熹序.
순희기유이월신안주희서

# 대학지도

## 大學之道

대학은 어떤 가치를 추구하는가

**《대학》이 추구하는 길은 밝은 덕을 밝히는 것에 있고, 사람을 새롭게 하는 것에 있고, 최선의 상태에 머무르는 것에 있다.**

---

○ 《대학》이 추구하는 길을 세 단계로 꼽으면서, 첫 단계는 밝은 덕을 밝히는 것이라고 했다. 사람은 누구나 밝은 덕을 갖고 태어난다. 밝은 덕은 이상적 존재로 완성될 가능성이다. 그런데 세속적 욕심에 가려 그것이 제대로 발휘되지 못하는 경우가 많다. 여기서 밝은 덕은 거울에 비유된다. 거울이 맑고 깨끗하면 온 세상 사물을 잘 비추고, 거울에 때가 끼고 먼지가 쌓이면 사물을 잘 비추지 못하기 때문이다. 따라서《대학》의 첫걸음은 때를 닦아내고 먼지를 벗겨내 자신의 밝은 덕을 밝게 드러내는 것에 있다고 하였다.

그 다음은 사람을 새롭게 하는 것을 들고 있다. 원문 '재친민在親民'에서 '친親'은 이후 내용에 근거하여 '신新'으로 보아야 한다는 설이 많았으며, 거의 정설로 받아들이고 있다. 따라서 어떤 판본에서는 아예 '신新'으로 표기하기도 한다. 대체로 원본을 중시하는 차원에서 그냥 '친親'으로 표기하면서 '신新'으로 풀이하는 것이 일반적이다.

타고난 밝은 덕을 밝혀 인격 완성을 향해 나아가는 것이 자신 한 사람에게서 그치면 안 된다. 이는 군자나 성인의 모습이 아니다. 진정한 군자요 성인이라면 끊임없이 자기를 수양하면서 또한 타인을 이끌어 함께 나아가려는 책임과 사명을 가져야한다. 사람을 새롭게 하는 것은 밝은 덕을 밝히는 것의 사회적 확대를 말하는 것이다.

밝은 덕을 밝히고 사람을 새롭게 하여 궁극적으로 최선의 경지에 머무르는 것이 《대학》의 목표이다.

최선이란 언제 어디서나 가장 합당하고 적절하게 처신하고 행동하는 것을 말한다. 밝은 덕을 밝히고, 사람을 새롭게 하고, 최선의 경지에 머무르는 것이 《대학》의 세 가지 강령이다. 이것은 실천적인 측면에서 유가의 이상적 인간상과 완성된 인격상을 일목요연하게 보여 주는 것이다. 이후 세 가지 강령을 항목별로 해설하고 전제 조건 및 실천 방법을 제시한다.

大學之道, 在明明德, 在親民, 在止於至善.
대학지도 재명명덕 재친민 재지어지선

머물러야 할 최선의 경지를 알게 된 이후라야 뜻이 향할 바를 정하게 되며, 뜻이 향할 바를 정한 이후라야 마음이 동요되지 않고 안정될 수 있으며, 마음이 동요되지 않고 안정된 이후라야 자신이 처한 상황을 편안하게 받아들일 수 있으며, 자신이 처한 상황을 편안하게 받아들인 이후라야 매사에 찬찬히 사고할 수 있으며, 매사에 찬찬히 사고한 이후라야 최선의 경지를 얻을 수 있다.

○ 최선의 경지에 머무르는 것, 즉 언제 어디서나 가장 합당하고 적절하게 처신하고 행동할 수 있는 경지에 이르는 방법을 말했다.《대학》에서 추구하는 인격 수양에서 궁극적으로 도달해야 할 목표는 최선의 경지에 머무르는 것임을 앞에서 말하였고, 여기서는 한 걸음 나아가 최선의 경지에 머무르는 것을 목표로 설정한 이후 갖춰야 할 자세와 그로 인해 얻게 되는 결과를 단계적으로 말했다. 최선의 경지에 머무르는 것을 목표로 설정했다고 해서 그것이 그대로 이루어지는 것은 아니다. 흔들리지 않는 신념을 가지고 끊임없이 자기를 연마하면서 그 목표를 향해 정진해야 한다.

처음 읽는 대학·중용

知止而后有定, 定而后能靜, 靜而后能安, 安而后能慮, 慮而后能得.
지지이후유정 정이후능정 정이후능안 안이후능려 려이후능득

# 03

세상 모든 것에는 처음과 끝이 있고, 세상 모든 일에는 끝과 시작이 있으니, 먼저 해야 할 것이 무엇이고 나중에 할 것이 무엇인지 안다면, 최선의 경지에 가까워진다.

○ 밝은 덕을 밝히는 것이 시작이라면 사람을 새롭게 하는 것은 끝이다. 머물러야 할 최선의 경지를 아는 것이 시작이라면 최선의 경지를 얻게 되는 것은 끝이다. 즉, 자기가 도달해야 할 목표를 설정하는 것이 먼저 할 일이요, 그 목표에 도달하는 것은 나중 일이다. 이 말은 근본이 중요하고 말단은 하찮다는 뜻이 아니다. 말단을 이루기 위해서는 근본을 잘 다져야 한다는 말이다. 사람을 새롭게 하려면, 즉 타인을 교화하려면 먼저 자신이 인격을 갖추어야 한다. 자신이 남에게 인정받기 원한다면 먼저 자신의 인격을 수양하는 것이 순서이다.

物有本末, 事有終始, 知所先後, 則近道矣.
물유본말 사유종시 지소선후 즉근도의

## 04

옛날 밝은 덕을 천하에 밝히고자 했던 사람은 먼저 자신의 나라
를 잘 다스렸고, 자신의 나라를 잘 다스리고자 했던 사람은 먼저
자신의 집안을 가지런히 관리했고, 자신의 집안을 가지런히 관
리하고자 했던 사람은 먼저 자신을 수양했다. 자신을 수양하고
자 했던 사람은 먼저 자신의 마음을 바로잡았고, 먼저 자신의 마
음을 바로잡고자 했던 사람은 먼저 자신의 의지를 성실히 다졌
고, 먼저 자신의 의지를 성실히 다지고자 했던 사람은 먼저 자신
의 지식과 지혜가 극치에 달하게 했으니, 지식과 지혜가 극치에
달하게 하는 것은 세상 모든 것의 이치를 찬찬히 따져보는 것에
달려 있다.

○ 이후 내용에 따르면, 옛날 밝은 덕을 천하에 밝히고자 했던 사람이란 요堯·순舜·우禹·탕湯·문文·무武 등 성왕을 일컫는다. 이들은 완전한 인격을 갖추고 최고의 지위에 있었기 때문에 역사상 덕치주의를 완성시킨 전형적인 예로 항상 등장한다. 근본과 말단을 알고 먼저 할 것과 나중 할 것을 깨달아 실천에 옮기는 것이 군자의 모습이다.

그러나 군자의 수양은 여기서 끝나지 않는다. 앞에서는 밝은 덕을 밝혀 사람을 새롭게 한다고 했는데, 사람을 새롭게 하는 것은 다름 아닌

천하 사람들이 모두 밝은 덕을 밝힐 수 있게 하는 것이다. 천하 사람들이 모두 자신이 타고난 인격 완성의 소질을 계발할 수 있게 하는 것이야말로 군자가 할 일의 마지막 단계이며, 군자라면 누구나 이에 뜻을 두고 매진해야 한다. 그러나 이에 뜻을 두었다고 해서 저절로 이루어지는 것이 아니다. 밝은 덕을 천하에 밝히는 것은 말단이요, 나중 할 일이기 때문이다.

천하 사람들이 밝은 덕을 밝힐 수 있게 하려면 먼저 천하보다는 작은 규모인 한 나라를 잘 다스려야 하며, 한 나라를 잘 다스리려면 먼저 그보다 작은 규모인 한 집안을 문제없이 잘 관리해야 하며, 한 집안을 문제없이 잘 관리하려면 먼저 자기 자신을 잘 수양해야 한다.

결국 아무리 원대한 일도 기초를 제대로 다지지 않으면 사상누각에 불과할 뿐이다. 밝은 덕을 천하에 밝히는 것의 근본을 찾아가면 결국 자기 자신의 수양인 것이다.

그러나 자기 자신을 수양하는 것에도 또한 근본이 있다. 밝은 덕을 천하에 밝히는 것의 근본은 자기 수양이되 자기 수양의 근본을 따져 가면 이는 또한 치지致知와 격물格物에 달려 있다고 했다.

여기까지가 《대학》 내용의 종합 개괄에 해당한다. 즉, 《대학》

은 밝은 덕을 천하에 밝히고 천하를 화평하게 하는 것이 학문의 궁극적 목표인데 그 출발점은 자기 수양이며 자기 수양의 출발점은 치지와 격물이라는 것을 역설하고 있는 것이다.

따라서 치지와 격물은 《대학》의 핵심 내용 중의 하나인 만큼 이에 대한 해석도 고금을 통하여 복잡하고 다양하게 전개되어 왔으며, 심지어 지나치게 추상적인 방향으로 나아가기까지 했다. 그 의미를 모두 포함할 수는 없지만, 종합하여 알기 쉽게 풀어보면 역해에서 밝힌 바와 같이 치지致知는 '지식과 지혜가 극치에 달하는 것'이요, 격물格物은 '세상 모든 것의 이치를 찬찬히 따져보는 것'이다.

《대학》의 궁극적 목표를 달성하는 데 필요한 전제 조건을 단계별로 열거하여 치지와 격물에 이르렀다.

처음 읽는 대학·중용

古之欲明明德於天下者, 先治其國
고지욕명명덕어천하자 선치기국

欲治其國者, 先齊其家
욕치기국자 선제기가

欲齊其家者, 先脩其身
욕제기가자 선수기신

欲脩其身者, 先正其心
욕수기신자 선정기심

欲正其心者, 先誠其意
욕정기심자 선성기의

欲誠其意者, 先致其知
욕성기의자 선치기지

致知在格物.
치지재격물

세상 모든 것의 이치를 찬찬히 따져본 이후에 지식과 지혜가 극치에 달하게 되고, 지식과 지혜가 극치에 달한 이후에 의지가 성실히 다져지고, 의지가 성실히 다져진 이후에 마음이 바로잡아지고, 마음이 바로잡아진 이후에 자신이 수양되고, 자신이 수양된 이후에 집안이 가지런히 관리되고, 집안이 가지런히 관리된 이후에 나라가 잘 다스려지고, 나라가 잘 다스려진 이후에 온 천하가 화평하게 된다.

○ 앞에서는《대학》의 조목을 달성하는 데 필요한 것을 전제조건 형식으로 열거하였다면 여기서는 역순으로 각 조목이 달성되어 가는 과정을 열거하였다. 격물格物·치지致至·성의誠意·정심正心·수신修身·제가齊家·치국治國·평천하平天下의 1팔조목은 삼강령과 더불어《대학》의 뼈대를 이루는 것이다.

物格而后知至, 知至而后意誠, 意誠而后心正, 心正而后身脩, 身脩而后家齊,
물격이후지지 지지이후의성 의성이후심정 심정이후신수 신수이후가제

家齊而后國治, 國治而后天下平.
가제이후국치 국치이후천하평

천자로부터 일반 보통 사람에 이르기까지 한결같이 모두 자신을 수양하는 것을 근본으로 삼는다.

---

○ 자기 수양의 중요성을 거듭 강조했다. 신분 여하를 막론하고 지위 고하를 막론하고, 무슨 직업을 택하든 무슨 목표를 정하든, 무엇보다 근본으로 삼아야 할 것은 자기 수양임을 강조한 것이다. 여기에 격물·치지·성의·정심의 과정이 포함됨은 물론이다. 무엇이 되었든 무엇을 하든 먼저 인간다운 인간이 되는 것이 가장 중요하기 때문이다. 평범한 말인 것 같지만 특히 사회가 어둡고 혼란할수록 가슴 깊이 와 닿는 말이다. 사회 모든 계층에서 본분을 망각하고 부정을 저지르는 일이 비일비재한 시국에 가장 절실한 구호로 다가오기 때문이다.

---

自天子以至於庶人, 壹是皆以脩身爲本.
자천자이지어서인 일시개이수신위본

07

그 근본이 혼란스러운데 말단이 다스려지는 경우는 없으며, 두 터이 해야 할 것을 엷게 하고 엷게 해도 될 것을 두터이 하는 경 우는 없었다.

○ 근본이 무엇이고 말단이 무엇인가 하는 것은 이미 여러 차 례 언급된 바 있다. 두터이 해야 할 것을 엷게 하고 엷게 해도 될 것을 두터이 한다는 것은 우선 전심전력 공을 들여야 할 것 을 소홀히 하고 뒤에 공을 들여도 될 것에 전심전력 공을 들인 다는 말이다.

즉, 근본을 소홀히 하고 말단에 힘쓴다는 것이다. 그러나 이는 두터이 할 것이 있고 엷게 할 것이 있다는 말이 아니다. 어느 것은 힘써야 하고 어느 것은 소홀히 해도 된다는 말이 아니라, 다만 선후 관계가 있기 때문에 먼저 할 것을 하지 않으면 나중 에 할 것은 당연히 이루어지지 않는다는 뜻이다. 역시 자기 수 양이 필수적임을 강조하고 있다.

자기 수양이 되지 않고 차지한 사회적 지위나 신분은 껍데기 에 불과하다. 누구나 선망하고 흠모하는 자리에 있으면서, 남 의 모범이 되고 남을 이끌어야 할 위치에 있으면서, 오히려 남 보다 못한 자질과 행실로 개인의 욕심만 차리다가 세인의 조 롱거리가 되고 심지어 사회에 악영향을 끼치는 경우를 흔히 볼 수 있다. 이 모두가 다름 아닌 근본을 소홀히 한 탓이다.

여기까지를 《대학》의 경문經文으로, 이후 말미까지를 전문傳文 으로 보는 것이 주희朱熹의 견해다. 경經은 성인聖人이 말한 영 원불변의 진리라는 뜻이며, 전傳은 경經의 내용을 보충 설명한 것이라는 뜻이다.

41

경 1 장 대학지도(大學之道)

여기까지가 《대학》의 내용을 총괄하는 총론 형식을 취하고 있
으므로 타당한 견해라고 할 수 있다.

---

其本亂而末治者否矣, 其所厚者薄而其所薄者厚, 未之有也!
기본란이말치자부의 기소후자박이기소박자후 미지유야

# 명명덕
## 明明德

밝은 덕을 밝히다

# 01

《서경書經》〈주서周書〉·〈강고康誥〉에서 "덕을 잘 밝힌다"고 하였으며, 《서경》〈상서商書〉·〈태갑太甲〉에서 "하늘이 부여한 이 밝은 명命을 살펴보라"고 하였으며, 《서경》〈우서虞書〉·〈요전堯典〉에서 "큰 덕을 잘 밝힌다"고 하였다. 모두 자기 덕을 스스로 밝히는 것을 말하였다.

---

○ 《서경》 내용을 인용하여 '명명덕明明德', 즉 밝은 덕을 밝히는 것의 근거로 제시했다. 《서경》 편명 大甲은 '태갑'이라고 읽는다. 이와 같이 경전의 내용을 인용하여 설명을 보충하고, 논리를 전개하고, 근거를 내세우는 것은 고전에서 많이 사용하는 방법이다.

'덕을 잘 밝힌다'거나 '하늘이 부여한 이 밝은 명을 살펴보라' 거나 '큰 덕을 잘 밝힌다'는 것은 원래 오랜 옛날 제왕의 업적을 칭송하고 술회한 것이었지만, 여기서는 제왕에만 한정하여 인용한 것은 아니다. 성선性善의 자질, 즉 인간이 누구나 부여받고 태어나는 밝은 덕을 밝힐 수 있는 자질을 깨닫고 확충할 것을 권장하려는 것이다.

여기서 중요한 것은 '스스로 밝힌다'는 것이다. 나에게 주어진 이상적 덕성의 자질을 구현하는 것은 다른 어떤 것에 의해서가 아닌 오직 나 자신에 의한 것이어야 한다. 밝은 덕을 밝힐 수 있었던 역대의 성왕도 끊임없는 계발과 노력을 통한 자기 수양으로 스스로 밝힐 수 있었다.

---

처음 읽는 대학·중용

康誥曰: "克明德." 大甲曰: "顧諟天之明命." 帝典曰: "克明峻德." 皆自明也.
강고왈 극명덕 태갑왈 고시천지명명 제전왈 극명준덕 개자명야

# 신민

## 新民

백성을 새롭게 하여 이끌다

상商 나라를 세운 탕왕湯王께서 매일 쓰던 대야에 새겨서 늘 보며 경계로 삼았던 글에서 "진정 날로 새로워질 수 있다면, 날마다 날마다 새로워지고, 거듭 날마다 새로워지라"라고 하였으며, 강고에서 "백성이 새로워지도록 이끌라"라고 하였으며, 《시경詩經》 대아大雅 〈문왕文王〉 편 시에서 "주周나라는 오랜 나라, 천명天命만은 새롭다네"라고 했다. 이러한 까닭에 군자는 이것을 기준으로 삼지 않은 적이 없다.

○ 탕왕湯王은 폭군이었던 하夏나라 걸왕桀王을 물리치고 제후의 추대를 세 번 사양하고 나서 천자의 자리에 올라 상商나라를 세웠다고 전해지는 역대 성군聖君 중의 하나이다. 성군인 탕왕도 매일 사용하는 대야에 경구를 새겨서 몸의 때를 씻어내듯 마음의 때도 씻어내려고 한날한시라도 나태해지지 않도록 경계했다는 말이다. 지도자 자리에 있는 사람에게 이보다 더 경계를 주는 말은 없을 것이다. 밝은 덕을 밝히는 것에는 완성이 있을 수 없으니 끊임없이 정진하고 노력해야 하기 때문이다.

또한 날로 새로워지는 것이 자기 하나에서만 그치면 안 된다. 자기와 더불어 모든 사람이 날로 새롭게 발전하여 밝은 덕을 밝힐 수 있도록 하는 것이 군자의 소임이며 사회적 사명이다. 그래서 〈강고〉에 나오는 '백성이 새로워지도록 이끌라'는 말을 다시 인용했다.

《시경詩經》에서 인용한 시는 주周나라의 기틀을 다진 문왕文王의 아들 주공周公이 지은 것이라는 설이 있다. 주나라는 시조

후직后稷으로부터 문왕의 아들 무왕武王이 상商의 폭군 주왕紂王을 멸망시키고 천하를 차지할 때까지 천여 년 동안 이어졌다고 전한다. 따라서 주나라는 오래된 나라지만 천명은 새롭다고 한 것이다. 정치적 의미로 풀자면 천명은 천하를 가지는 권리로서, 하늘이 명하여 부여한다고 인식되었다. 즉, 천여 년의 오랜 세월 동안 작은 나라로 명맥을 유지해 왔지만 문왕·무왕처럼 나날이 정진하여 새로워지고 밝은 덕을 밝혀서 새롭게 천명을 받아 천하를 손에 넣게 되었다는 말이다.

그런데 천명은 민의民意, 즉 백성의 뜻으로 나타난다고 보았다. 문왕이 덕을 닦자 천하의 3분의 2가 문왕을 추종하게 되었으며, 이것은 바로 천명이 문왕에게 부여된 것이다. 이는 또한 통치자의 선악 여부 및 능력과 자질에 따라 천명은 언제나 다른 곳으로 옮겨 갈 수도 있다는 것을 의미한다.

군자는 타고난 본성을 자각하고 이를 발현하기 위해 끊임없이 정진하는 사람이다. 또한 여기서 군자는 통치자 지위에 오른 사람까지 포함하여 한 말이다. 나날이 새로워지는 것에 힘쓰고, 밝은 덕을 밝히고, 백성 역시 새롭게 발전하도록 이끌어, 모두 함께 최선의 경지에 머무르게 해야 하는 것이다.

湯之盤銘曰: "苟日新, 日日新, 又日新."
탕지반명왈  구일신 일일신 우일신

康誥曰: "作新民."
강고왈  작신민

詩曰: "周雖舊邦, 其命惟新."
시왈  주수구방 기명유신

是故君子無所不用其極.
시고군자무소불용기극

# 지어지선

## 止於至善

지극히 선한 경지에 머물다

《시경詩經》의 시에서 "왕기 지역 천 리의 땅, 백성들이 머무를 곳"이라고 했다.

○《시경》상송商頌〈현조玄鳥〉편의 시다. 옛날에는 왕이 있는 도성을 중심으로 사방 500리까지를 왕기王畿, 또는 방기邦畿라고 했으니 이쪽 끝에서 저쪽 끝까지 천 리가 된다. 왕의 땅 천 리가 백성이 머무를 곳이듯 지선至善, 즉 최선의 경지는 인간이면 누구나 머물러야 할 곳임을 비유하여 읊은 것이다. 또한 이 시에는 국가 사회 전체가 지선至善의 경지에 머물러야 한다는 의미도 내포하고 있다.

詩云: "邦畿千里, 惟民所止."
시운 방기천리 유민소지

# 02

《시경詩經》의 시에서 "꾀꼴꾀꼴 저 꾀꼬리, 언덕 위에 깃드누나"
라고 했다.

---

○ 《시경》 소아小雅〈면만緜蠻〉 편의 시다. 초목이 울창한 언덕
은 꾀꼬리에게는 가장 편안하고 안전하여 살기에 안성맞춤인
곳으로, 이런 곳을 마다하는 꾀꼬리는 없다. 이는 사람에게 지
선의 경지는 꾀꼬리에게 초목이 울창한 언덕과 같다는 의미를
담고 있다.

---

詩云: "緜蠻黃鳥, 止于丘隅."
시운 민만황조 지우구우

공자는 "머무는 것에서 (새도) 자기가 머물 곳을 아는데, 사람이
새만도 못해서야 되겠는가"라고 말했다.

○ 위의 시를 빗대어 공자는 지선至善의 경지에 머물러야 하는
당위성을 강조했다. 지선至善의 경지는 사람에게 가장 안락한
보금자리와 같다. 이를 마다하면 사람이 새만도 못한 것이라
고 경계한 것이다.

子曰: "於止, 知其所止, 可以人而不如鳥乎!"
자왈 어지 지기소지 가이인이불여조호

《시경詩經》의 시에서 "훌륭하신 문왕이여, 아! 빛 발하고 공경으로 머무시네"라고 했다.

───────────────

○ 《시경》 대아大雅 〈문왕文王〉 편의 시다. 문왕의 성덕 중에서도 지선의 경지에 머문 것을 칭송하는 시다. 이후 문왕 이야기가 많이 등장하니, 꼭 알아두어야 할 것을 간략히 살펴본다.

문왕의 성姓은 희姬요, 이름은 창昌이다. 고공단보古公亶父의 막내아들 계력季歷의 아들이다. 계력이 창을 낳고 보니 성군聖君이 될 기상이 있었다. 이에 고공단보는 막내아들 계력에게 왕위를 물려주어 창에게 왕위가 전해지도록 하려고 했다. 계력의 맏형 태백泰伯이 고공단보의 뜻을 알고 막내 동생 계력에게 왕위를 양보하려고 동생 중옹仲雍과 함께 먼 지방으로 가서 은거했다. 그래서 왕위가 계력에서 창에게로 이어졌다. 창은 상商나라 주왕紂王 때 상商의 서쪽 지방 옹주雍州를 다스리는 책임자인 서백西伯이 되었다. 여기서 선정善政을 베풀어 민심을 크게 얻었는데, 모함을 당하여 옥에 갇히기도 했다. 옥에서 풀려나 더욱 선정을 하여서 천하의 제후 중 3분의 2가 그를 따르게 되었다. 그래도 여전히 상商나라를 종주국으로 섬기는 미덕을 보여주어서 후세에 찬사를 받았다. 창의 아들 발發, 즉 무왕武王이 혁명을 일으켜 폭군 주왕紂王을 몰아내고 천하를 차지하여, 주周나라가 천자국이 되었다.

인용된 《시경》의 시는 문왕이 심원한 인품과 덕망을 지녔고 늘 최선의 경지에 머물렀음을 칭송한 것이다.

───────────────

詩云: "穆穆文王, 於緝熙敬止!"
시운 목목문왕 오집희경지

남의 임금이 되어서는 어짊의 자리에 머무시고, 남의 신하가 되어서는 공경의 자리에 머무시고, 남의 자식이 되어서는 효도의 자리에 머무시고, 남의 아비가 되어서는 자애의 자리에 머무시고, 나라 사람들과 사귈 때는 믿음의 자리에 머무셨다.

○ 문왕의 경우를 예로 들어 지선至善의 경지에 머무는 것에도 여러 덕목이 있음을 설명했다. 그것은 곧 인仁·경敬·효孝·자慈·신信으로, 임금의 자리에 있으면 어짊의 정치를 베풀고, 임금을 모시는 신하의 입장에서는 공경을 다하여 섬기고, 자식의 입장에서는·부모에 효도를 다하고, 부모의 입장에서는 자애로 자식을 대하고, 나라 사람들과 사귈 때는 믿음을 보였다고 했다. 문왕의 행실을 살펴보면, 주나라가 새로이 천명을 받아 천자의 지위에 오를 수 있도록 기틀을 다진 것은 어짊의 정치를 베풀었기 때문이요, 천하의 3분의 2가 귀순해 왔어도 여전히 주왕紂王을 섬긴 것은 신하로서 공경을 다한 것이요, 조부와 부친의 뜻을 저버리지 않은 것은 자식으로서 효도를 다한 것이요, 무왕과 같은 아들을 키운 것은 부모로서 자애를 다한 것이요, 사방에서 귀순해 온 것은 믿음을 보였기 때문이다. 지선의 경지에 머무르는 것은 사실 아주 어렵거나 추상적인 것이 아니라 자기가 처한 입장에서 할 일을 다 하는 것에 있다.

爲人君, 止於仁. 爲人臣, 止於敬.
위인군 지어인 위인신 지어경

爲人子, 止於孝. 爲人父, 止於慈. 與國人交, 止於信.
위인자 지어효 위인부 지어자 여국인교 지어신

《시경詩經》의 시에서 노래했다.

"저 기수淇水의 물굽이를 바라보라, 푸른 대가 무성하게 자랐구나. 학식과 덕망을 쌓은 빛나는 군자여, 상아를 자르고 쓴 듯, 옥을 쪼고 간 듯하네. 엄숙하고 의젓하네, 찬란하고 아름답네. 학식과 덕망을 쌓은 빛나는 군자여, 영원히 잊지 못하리라."

---

○ 《시경》위풍衛風 〈기욱淇澳〉 편의 시이다. 위衛나라 무공武公: BC 852-BC 758이 나이 아흔이 넘어서도 덕행을 닦는 것을 게을리하지 않은 것을 칭송한 시라고 한다. 위나라 무공은 나이 95세에도 아침저녁으로 자신에게 간언과 경계의 말을 아끼지 말 것을 신하에게 당부했다는 기록이 《국어國語》〈초어楚語〉에 나온다.

문왕의 지선至善을 칭송한 것에 이어 무공이 '지어지선'의 달성을 위해 끊임없이 정진한 것을 칭송한 시를 인용했다. '저 기수淇水의 물굽이를 바라보라, 푸른 대가 무성하게 자랐구나'라는 첫 두 구절은 흥興의 기법으로, 내용상 다음 구와 직접 연결되지는 않는다.

절切과 차磋는 원래 골각을 다루는 작업으로, 절은 칼이나 톱으로 자르는 것이요, 차는 줄이나 대패로 다듬는 것이다. 탁琢과 마磨는 옥석을 다루는 작업으로, 탁은 망치나 끌로 쪼는 것이요, 마는 모래나 돌로 가는 것이다.

그래서 끊임없이 노력하고 정진하는 것을 절차탁마切磋琢磨에 비유했다. 위 무공이 절차탁마하며 학식과 덕행을 쌓음으로써 군자로서의 풍모가 엄숙하고 의젓하고 찬란하고 아름다운 것이다.

그래서 이런 군자의 모습은 영원히 잊히지 않는 것이다.

詩云: "瞻彼淇澳, 菉竹猗猗·有斐君子, 如切如磋,
시운  첨피기욱 록죽의의 유비군자 여절여차

如琢如磨·瑟兮僩兮, 赫兮喧兮. 有斐君子, 終不可諠兮!"
여탁여마 슬혜한혜 혁혜훤혜 유비군자 종불가훤혜

'상아를 자르고 간 듯하다'는 것은 배우고 익힘을 말한 것이요, '옥을 쪼고 간 듯하다'는 것은 스스로 갈고닦는 것이다. '슬혜한 혜'라는 것은 엄숙하고 경건하다는 것이요, '혁혜훤혜'라는 것은 위엄과 의표가 있다는 것이다. '학식과 덕망을 쌓은 빛나는 군자여 영원히 잊지 못하리라'라는 것은 밝은 덕이 지선의 경지에 이르러 사람들이 그를 잊지 못한다는 말이다.

○ 시 내용을 다시 해설했다. 절차탁마하며 수양에 힘쓰는 군자는 그 엄숙함과 경건함이 저절로 겉으로 드러나고 만인의 의표가 되어 영원히 잊히지 않는다는 것이다. 군자로서 절차탁마하며 자신을 수양하는 것의 중요성을 거듭 강조했다. 그러나 군자는 백성이 영원히 잊지 못하기를 의식적으로 원해서 절차탁마해야 한다는 뜻은 아니다. 군자의 끝없는 수양은 군자를 지선의 경지에 이르게 하기 마련이며, 자신도 모르게 만인의 의표로 드러나기 마련이다. 그 결과로 사람들이 영원히 잊지 못하는 것이다.

전 3 장 지어지선(止於至善)

如切如磋者, 道學也. 如琢如磨者, 自脩也. 瑟兮僩兮者, 恂慄也
여절여차자 도학야 여탁여마자 자수야 슬혜한혜자 순률야

赫兮喧兮者, 威儀也. 有斐君子, 終不可諠兮者, 道盛德至善, 民之不能忘也.
혁혜훤혜자 위의야 유비군자 종불가훤혜자 도성덕지선 민지불능망야

# 08

《시경詩經》의 시에서 "아아! 앞선 왕을 잊지 못해"라고 했다. 군자는 현명한 사람을 현명한 사람으로 인정하고 가까운 사람을 가까운 사람으로 보살핀다. 소인은 자기에게 즐거운 것만 즐겁게 여기고 자기에게 이로운 것만 이롭게 여긴다. 그러므로 죽은 뒤에도 이전 왕을 잊지 못하고 사모하는 것이다.

○《시경》주송周頌〈열문烈文〉편의 시다. 앞선 왕이란 주나라 제업의 기틀을 다지고 문화를 창시한 문왕과 무왕을 말한다. 문왕과 무왕은 어느 시대를 막론하고 덕으로 천하를 교화시킨 이상적인 왕으로 칭송되었다. 문왕은 무력을 전혀 사용하지 않고 천하의 제후와 백성을 감화시켜 따르게 했다는 점에서, 무왕은 폭군을 물리쳐 천하의 백성들이 안락하고 풍요로운 생활을 누리도록 길을 열었다는 점에서 높이 평가되는 것이다. 위에서 군자는 문왕과 무왕을 비롯한 이전의 성군을 말하고 소인은 지금의 왕들을 말한 것으로 볼 수도 있다. 이전의 성군은 군자다운 군자로서 밝은 덕을 밝히고 백성을 새롭게 하고 지선의 경지에 머무는 도리를 다한 반면, 지금의 왕들은 군자인 체 행세해도 사실은 소인과 다를 바 없어서 목전의 이익을 챙기고 사리사욕만 탐하기 때문이다. 군자의 도리를 다한 성군의 치적은 세상 떠난 이후에도 남아 있으므로 그 혜택을 입고 살아가는 후대 사람은 영원히 잊지 못하는 것이다.

詩云: "於戲前王不忘!" 君子賢其賢而親其親, 小人樂其樂而利其利,
시운  오호전왕불망  군자현기현이친기친  소인락기락이리기리

此以沒世不忘也.
차이몰세불망야

# 지본

## 知本

근본을 알다

"소송 내용을 듣고 판결하는 것은 내가 다른 사람과 다를 것 없으되, 꼭 이루어지길 바라는 것이 있다면, 이 세상에 소송이 없는 것이다"라고 공자는 말했다. 근거 없이 거짓말을 일삼는 사람은 그 말을 다 하지 못하니, 백성의 뜻을 크게 두려워하기 때문이다. 이런 경우를 바로 근본을 아는 것이라고 한다.

---

○ 근본과 말단에 대한 설명이다. 공자의 이 말은 《논어》 〈안연顔淵〉 편에도 나온다. 청송聽訟은 소송이 일어나서 재판관이 양쪽 당사자 주장을 듣고 판결하는 것을 말한다.

예나 지금이나 재판의 판결은 아주 중요하다. 자칫하면 죄인이 벌을 받지 못하고 억울한 사람이 누명을 쓰기 때문이다.

공자는 소송 내용을 듣고 판결하는 것은 자기도 남 못지않다는 것을, 즉 명판관 못지않다는 것을 자신 있게 내세우되 그보다 중요한 것은 이 세상에서 소송이 없게 하는 것이라고 역설했다. 공자는 근본적인 문제를 중시했던 것이다.

훌륭한 판사를 키운다거나 완벽한 법전을 만든다거나 하는 것은 사회의 안녕과 질서를 유지하고 사회 정의를 실현하는 데 있어서 필수적인 것이라고 하겠지만 공자가 볼 때 이는 말단적인 일이요, 진정으로 살기 좋은 사회란 다툼 없는 사회, 그래서 판사나 법전이 필요 없는 사회인 것이다.

옛날 중국에서 형법이 필요 없던 시대가 있었다고 전해진다. 주나라 성왕成王·강왕康王 연간 약 40년 동안이었다고 한다. 그런 시대에는 죄를 지은 자가 법정에서 함부로 거짓말로 변설을 늘어놓지 못했으니, 정의를 추구하는 대중의 준엄한 이목을 두려워했기 때문이다.

위와 같은 이상 사회는 너도나도 근본을 알아 지선을 향해 나
아갈 때 가능한 것이다.

---

子曰: "聽訟, 吾猶人也, 必也使無訟乎!"
자왈  청송 오유인야 필야사무송호

無情者不得盡其辭, 大畏民志, 此謂知本.
무정자부득진기사 대외민지 차위지본

# 격물치지

## 格物致知

사물의 이치를 알고 지식을 세우다

이른바 아는 것을 투철히 함은 세상 모든 일의 이치를 따져보는 것에 달려 있다는 말은 나의 앎을 투철히 하고자 하면 만물에 나아가 그 이치를 철저히 따지는 것에 달려 있다는 뜻이다.

○ 이 〈전〉 5장 1절부터 이후 5장 5절까지의 내용은 격물格物·치지致知에 대한 해석으로, 원래 《대학》에는 없었는데 주희朱熹가 보충한 것이다. 원래 《대학》에는 차위지본此謂知本, 차위지지지야此謂知之至也라는 말만 있었다. 주희는 차위지본은 앞 장의 결론 부분이 중복된 것이며, 차위지지지야의 앞에 있어야 할 격물格物·치지致知에 대한 해석이 누락된 것으로 보았다. 격물치지의 의미를 개괄하면, 세상 만물의 현상과 질서를 끊임없이 탐구함으로써 인간의 내부에 지식과 지혜가 축적되어 진리가 충만하게 하는 것이다.

所謂致知在格物者, 言欲致吾之知, 在卽物而窮其理也.
소위치지재격물자 언욕치오지지 재즉물이궁기리야

사람의 마음이 영명하여 모르는 것이 없고, 천하 만물 중 이치 없는 것이 없으되, 다만 그 이치를 끝까지 따져보지 않는 까닭에 아는 것이 극치에 달하지 못하는 것이다.

○ 인간에게는 누구나 만물의 이치를 알고 깨달을 수 있는 능력이 부여되었다. 그 능력을 끝까지 발휘하는지 여부에 따라 누구는 뛰어나고 누구는 모자라는 차이가 생기게 된다는 것이다.

蓋人心之靈莫不有知, 而天下之物莫不有理, 惟於理有未窮,
개인심지령막불유지 이천하지물막불유리 유어리유미궁

故其知有不盡也.
고기지유부진야

그러므로 태학에서 처음 가르칠 때 배우는 자들로 하여금 반드시 천하의 만물에 나아가 이미 알고 있는 이치를 통하여 더욱 끝까지 따져나가서 극치에 이르기를 추구하지 않는 사람이 없게 하려고 하였다.

○ 옛날 소학小學에 상대되는 고등교육기관을 말할 때는 '大學'을 '태학'이라고 읽었다. 인간이 누구나 부여받은 성인의 자질을 체득하고 발현, 확충하게 하는 것이 옛날 태학의 교육 이념이었고, 그 시작은 세상 만물의 현상과 질서를 탐구하여 진리를 쌓아가는 것이었음을 밝힌 것이다.

是以大學始教, 必使學者即凡天下之物, 莫不因其已知之理而益窮之,
시이태학시교 필사학자즉범천하지물 막불인기이지지리이익궁지

以求至乎其極.
이구지호기극

# 04

오랫동안 노력을 기울여 어느 순간 확 뚫리면 세상 모든 것의 겉이나 속이나 세밀한 것에나 소략한 것에나 이르지 않음이 없어서 내 마음의 온전한 본체와 커다란 쓰임이 밝아지지 않는 것이 없으리라.

---

○ 태학 교육의 시작은 세상 만물의 현상과 질서를 탐구하여 진리를 쌓아가게 하는 것이었음을 앞에서 말했다. '활연관통豁然貫通', 즉 어느 순간 확 뚫린다는 것은 철저하게 진리를 탐구하는 과정을 오래 지속하며 점차 넓고 깊게 확충하면 만물의 본질을 이루는 근본 원리를 파악하게 되고, 만물의 본질을 이루는 근본 원리를 파악하게 되면 비로소 자아와 세계가 합일되는 경지로 나아가 자신의 내면에 온갖 만물의 이치가 구비되고, 그것이 겉으로 발현되면 세계의 조화와 질서를 이루는 데 기여하게 된다는 말이다. 이것을 두고 세상 모든 것의 겉이나 속이나 세밀한 것에나 소략한 것에나 이르지 않음이 없어서 내 마음의 온전한 본체와 커다란 쓰임이 밝아지지 않는 것이 없다고 말한 것이다.

---

至於用力之久, 而一旦豁然貫通焉, 則衆物之表裏精粗無不到,
지어용력지구 이일단활연관통언 즉중물지표리정조무불도

而吾心之全體大用無不明矣.
이오심지전체대용무불명의

이를 두고 세상 모든 것의 이치를 따지는 것이라고 하고, 이를 두고 아는 것이 투철하다고 하는 것이다.

---

○ 격물치지는 이후 진행되는 개인 수양과 사회 참여의 필수 전제 조건으로, 사람이 세상에 태어난 의의를 밝히고 가치를 실현하기 위한 첫걸음이다.

---

처음 읽는 대학·중용

此謂物格, 此謂知之至也.
차위물격 차위지지지야

# 성의

## 誠意

정성스러운 마음을 갖다

이른바 먼저 자신의 의지를 성실히 다지는 것이란 자신을 속이지 않는 일이다. 사람이 누구나 나쁜 냄새를 싫어하듯 나쁜 행실을 싫어하고, 사람이 누구나 좋은 빛깔을 좋아하듯 좋은 행실을 좋아하면, 이런 것을 일러 스스로 만족한다고 하는 것이다. 따라서 군자는 반드시 혼자일 때 신중하게 처신한다.

○ 〈전〉 6장은 '성의誠意', 즉 의지를 성실히 다지는 것에 대한 해설이다. 세상에는 선善과 악惡이라는 두 갈래 길이 있다. 선은 타고난 본성이요, 악은 인간의 욕심이 낳은 결과이다. 즉, 선을 좋아하고 악을 싫어하는 것이 인간의 본성이다. 그래서 의지를 성실히 다지는 것의 근본은 자기 자신을 속이지 않는 것이라고 했다. 선을 좋아하고 악을 싫어하는 것이 진정한 자기 자신이기 때문이다.

물론 이것은 격물치지를 이룩한 바탕 위에서 가능하다. 자신의 본성을 찾는 것, 즉 본연의 선을 깨닫는 것은 만물의 이치를 탐구하여 앎을 투철히 하는 것에서 비롯되기 때문이다. 그리하여 선과 악을 깨달아, 고약한 냄새를 싫어하듯 악을 싫어하고 아름다운 경치를 좋아하듯 선을 좋아하며 본연의 모습에 나아가는 것이다.

이는 오로지 자신의 만족을 위해 스스로 처신하는 것이지 누구의 지시나 압력에 의한 것도 아니요, 주위의 눈치를 보거나 세태를 따라서 그러는 것도 아니다. 이와 같이 의지가 성실히 다져진 바탕 위에 마음이 바르게 되고 자신이 수양되는 것이다.

의지를 성실히 다지는 주체는 오직 자기 자신이다. 선을 좋아하고 악을 싫어하는 것은 결국 자기 자신이 얼마나 앎을 투철히 하여 확실한 주관을 세웠는가 하는 내면적인 문제이다. 누구의 강요나 권유로 이루어지는 것은 위선적이며 일시적이기 때문이다. 따라서 군자는 겉으로 드러나기 이전의 자기 자신의 내면을 더욱 신중히 해야 하는 것이다.

所謂誠其意者, 毋自欺也, 如惡惡臭, 如好好色, 此之謂自謙,
소위성기의자 무자기야 여오악취 여호호색 차지위자겸

故君子必愼其獨也!
고군자필신기독야

소인은 홀로 있으면 옳지 않은 일을 행하는데, 옳지 않은 일이 이르지 않는 곳이 없다가, 군자를 만나면 옳지 않은 일을 슬그머니 덮어두고 옳은 일만 행하는 것처럼 겉으로 드러내려고 한다. 그러나 사람들이 그의 속을 훤히 보고 있으니, 그런 행실이 그에게 무슨 도움이 되겠는가? 이를 두고 안으로 성실함이 갖추어져 있으면 밖으로 나타난다고 하는 것이다. 그러므로 군자는 반드시 혼자일 때 신중히 처신한다.

---

○ 소인은 자신의 의지를 성실히 다지지 않는 자를 말한다. 따라서 소인은 아무도 보고 듣지 않는 상황에 혼자 처해 있으면 선과 악을 가리는 의지가 박약하여 생각과 행실이 방자하게 된다. 보고 듣는 이가 아무도 없다는 것을 빌미 삼아 거리낌 없이 생각하고 행동하는 것이다. 그러다 군자를 만나면 그때까지 저지르던 옳지 못한 행실을 감추고 선한 것만 생각하고 행동하는 척한다. 위선과 가식을 일삼는 것이다. 그러나 그 본색은 감춰지지 않는다.

소인이 군자를 만나면 옳지 못한 생각과 행동을 감춘다는 것은 소인도 선과 악을 가릴 줄은 알기 때문이다. 즉, 아무리 소인이라 할지라도 굳건한 의지로 선을 좋아하고 악을 싫어하는 군자의 길로 접어들 수 있는 자질을 갖추고 있는 것이다. 다만 아무도 보고 듣지 않는 상황에서는 이를 관철할 의지가 부족하여 본성이 발현되지 않는다. 따라서 의지를 성실히 다지는 것이 필요하다.

선은 마땅히 행해야 할 것이며 악은 마땅히 버려야 할 것임을 소인도 알기 때문에 자신의 나쁜 것을 감추고 덮으며 옳은 일만 하는 척하려 하는 것이다. 그러나 이는 스스로를 속이는 것이다. 위선의 실체는 겉으로 드러나기 마련이다. 따라서 의지를 성실히 다지지 않은 채 겉으로만 선을 행하는 척하는 것은 본성의 발현에 아무 도움이 되지 않는다. 안에 쌓인 것은 그대로 밖으로 드러나게 마련이기 때문이다. 이 때문에 특히 혼자일 때 생각과 행동을 신중히 해야 하는 것이다.

小人閒居, 爲不善, 無所不至, 見君子而后厭然揜其不善, 而著其善.
소인한거 위불선 무소부지 견군자이후염연엄기불선 이저기선

人之視己, 如見其肺肝然, 則何益矣.
인지시기 여견기폐간연 즉하익의

此謂誠於中, 形於外. 故君子必愼其獨也.
차위성어중 형어외 고군자필신기독야

## 03

증자가 말했다.

"열 개의 눈이 지켜보고 있으며, 열 개의 손이 가리키고 있으니,
이토록 엄한 것이로다."

○ 증자曾子는 공자의 제자로, '일일삼성一日三省'하며, 즉 하루에 세 번 이상 자신을 성찰하며 효도와 수양에 전념한 것으로 유명하다. 증자의 이 말은 앞에서 남이 자기를 보는 것이 마치 폐와 간을 들여다보듯 훤히 보고 있다는 것과 일맥상통하는 것으로, 사람의 행실은 항상 주위에서 열 개의 눈이 지켜보고 열 개의 손가락이 지적하고 있는 듯이 신중에 신중을 기해야 한다는 말이다. 그렇게 행동한다면 의지를 성실히 다지는 것은 저절로 이루어질 것이다.

처음 읽는 대학·중용

曾子曰: "十目所視, 十手所指, 其嚴乎!"
증자왈 십목소시 십수소지 기엄호

부유함은 집을 윤택하게 하고, 덕은 몸을 윤택하게 하여, 마음이
여유롭고 몸이 편안하게 하니, 그러므로 군자는 반드시 그 자신
의 의지를 성실히 다진다.

○ 몸을 주재하는 것은 마음이요, 마음을 살찌우는 것은 덕이
다. 따라서 덕이 마음을 살찌우는 것은 부유함이 집을 윤택하
게 하는 것과 같다. 이에 따라 덕에 살찌워진 마음이 주재하는
몸도 또한 보고 듣고 행동하는 것이 언제나 여유롭고 편안하
게 되는 것이다.

富潤屋, 德潤身, 心廣體胖, 故君子必誠其意.
부윤옥 덕윤신 심광체반 고군자필성기의

# 정심
## 正心

마음을 바르게 가다듬다

이른바 자신을 수양하는 것은 마음을 바로잡는 것에 있다는 말은 마음에 분함과 노함이 있으면 마음을 바르게 할 수 없고, 두려워하는 바가 있으면 마음을 바르게 할 수 없고, 좋아함과 즐거움이 있으면 마음을 바르게 할 수 없고, 근심과 걱정이 있으면 마음을 바르게 할 수 없다는 것이다.

○ 전체적인 문맥을 놓고 보면 노함·두려움·좋아함·근심 등이 없어야 마음을 바르게 할 수 있다는 말로 풀이된다. 그러나 이를 단지 일체의 감정을 억누르고 무념무심無念無心의 상태를 얻어야 한다고 주장하는 것으로 볼 필요는 없다. 뒤에 살펴볼 《중용中庸》에서 그 해답을 찾을 수 있다. 《중용》에서는 희로애락喜怒哀樂, 즉 기쁨·노함·슬픔·즐거움의 감정이 일어나지 않은 상태를 중中이라고 하며, 그런 감정이 일어나되 모두 절도에 맞는 것을 화和라고 하여, 이상적 개념인 중中보다는 실천적 측면의 화和가 중요하다고 말하고 있기 때문이다. 따라서 여기서도 노함·두려움·좋아함·근심 등이 완전히 없어야 한다는 뜻으로 보기보다는 그런 감정들이 일어나도 항상 절도에 맞아야 마음을 바르게 할 수 있다는 뜻으로 보아야 할 것이다. 《대학》의 목표는 개인의 수양을 통하여 궁극적으로 사회 정의를 실현하는 것이기 때문이다.

所謂脩身在正其心者, 身有所忿懥, 則不得其正.
소위수신재정기심자 신유소분치 즉부득기정

有所恐懼, 則不得其正. 有所好樂, 則不得其正. 有所憂患, 則不得其正.
유소공구 즉부득기정 유소호락 즉부득기정 유소우환 즉부득기정 마음이 집중되어 있지 않으면, 보아도 보이지 않고, 들어도 들리지 않고, 먹어도 맛을 모른다. 이런 것을 두고 자신을 수양하는 것은 자신의 마음을 바로잡는 것에 달려 있다고 한 것이다.

○ 이치를 따지고, 앎을 투철히 하고, 이후 이루어지는 모든 수양의 목적은 결국 보고 듣고 먹고 마시고 움직이는 모든 행실이 너도나도 바르게 이루어지게 함으로써 사회의 화평을 가져오게 하려는 것이다. 그래서 사람마다 자신의 수양이 필요하며, 자신을 수양하려 하면 수양의 주체인 마음을 바르게 해야 하는 것이다.

心不在焉, 視而不見, 聽而不聞, 食而不知其味. 此謂脩身在正其心.
심부재언 시이불견 청이불문 식이부지기미 차위수신재정기심

# 수신

## 修身

악을 물리치고 선을 북돋아 마음을 닦다

# 01

이른바 집안을 가지런히 하는 것은 자신을 수양하는 일에 달려 있다. 이것은 사람은 자기가 친하게 여기고 사랑하는 것에 따라 편파적인 감정을 가지게 되고, 자기가 천하게 여기고 미워하는 것에 따라 편파적인 감정을 가지게 되고, 자기가 어렵게 여기고 경외하는 것에 따라 편파적인 감정을 가지게 되고, 자기가 불쌍히 여기고 가련히 여기는 것에 따라 편파적인 감정을 가지게 되고, 자기가 오만하게 여기고 업신여기는 것에 따라 편파적인 감정을 가지게 된다는 말이다. 그러므로 누구를 좋아하되 그의 나쁜 점을 알고 있고, 누구를 미워하되 그의 좋은 점을 알고 있는 사람은 이 세상에 극히 드물다.

○ 격물格物·치지致知로부터 성의誠意·정심正心을 거쳐 수신修身에 이르기까지는 개인의 일이며, 제가齊家·치국治國·평천하平天下는 그 개인이 모여 이루어진 사회의 일이다. 그러나 이는 명목상의 구분일 뿐 실제로는 개인과 사회의 뚜렷한 경계를 지을 수가 없다. 사회에 밝은 덕을 밝히는 첫걸음인 제가齊家, 즉 집안을 가지런히 하는 것이 결국 자기 수양에 달려 있기 때문이다. 여기서의 가家는 개인이 모여 이루는 사회의 첫 단계로, 오늘날의 '가족' 보다는 큰 개념이다. 하나의 가문, 또는 나아가 한 씨족이 하나의 나라를 이룬 광범위한 공동체를 말하는 것으로 편의상 여기서는 '집안'이라고 했다.

집안이 화목하기 위해서는 결국 개인의 수양이 중요한데, 여기서는 인간관계의 그릇된 결과는 각 개인의 지나친 아집, 또는 집착으로 인한 편견에서 비롯되는 것임을 이야기했다. 이

처음 읽는 대학·중용

를테면 누구를 지나치게 가까이 하고 사랑하다 보면 결점까지 감싸거나 몰라보기 쉽고, 지나치게 천시하고 미워하다 보면 장점까지 미워하거나 질투하기 쉽고, 지나치게 어려워하다 보면 진정 따뜻한 면이 있어도 알아보지 못하기 쉽고, 지나치게 가련하고 불쌍하게 보면 도를 넘은 동정을 주기 쉽고, 지나치게 오만하게 보고 소홀히 하면 우습게 보기 쉽다는 것이다. 위와 같은 편벽한 태도는 상대의 참다운 면목을 파악하는 데 걸림돌이 되기 때문이다.

누군가를 좋아하고 싫어함에 있어 가장 큰 폐단은 그것이 무조건적인 감정으로 나아가기 쉽다는 데 있다. 하나의 좋은 점을 보고 열이 좋을 것이라고 단정하거나 하나의 나쁜 점을 보고 열이 나쁠 것이라고 믿는 것은 인간관계를 그르치는 첫걸음이며, 그것이 끼치는 폐해는 사회 전체에 미치게 된다. 좋아함과 싫어함의 감정 속에서도 냉철하게 좋고 나쁜 점을 알고 지적하여 서로가 끌어주고 밀어주는 것이 아름다운 인간관계의 모습이다.

所謂齊其家在脩其身者, 人之其所親愛而辟焉, 之其所賤惡而辟焉,
소위제기가재수기신자 인지기소친애이벽언 지기소천오이벽언

之其所畏敬而辟焉, 之其所哀矜而辟焉, 之其所敖惰而辟焉, 故好而知其惡,
지기소외경이벽언 지기소애긍이벽언 지기소오타이벽언 고호이지기악

惡而知其美者, 天下鮮矣!
오이지기미자 천하선의

그러므로 속담에도 "사람은 자기 자식의 나쁜 점은 알지 못하는 법이며, 자기 싹이 큰 줄은 알지 못하는 법이다"라고 했다.

○ 인간관계의 첫걸음이 부모·자식·형제·친척으로 이루어진 가족, 또는 집안 임은 두말할 나위 없다. 다른 어떤 인간관계보다도 가까운 만큼 편애하는 것도 맹목적이고 무조건적이기 쉽다. 특히 대표적인 것이 부모의 자식 사랑이다. 자식의 잘못을 꾸짖는 이웃을 오히려 탓하는 부모, 자식이 원한다면 무엇이든 해주려는 부모, 자식의 출세를 위해 비리도 서슴지 않으려는 부모 등 모두가 한 치 앞을 못 보는 맹목적인 편애이다. 그런 가정에서 자란 자식이 사회에 봉사할 리 없으며, 그런 사람만이 가득 찬 사회에 화평이 있을 리 없다.

故諺有之曰: "人莫知其子之惡, 莫知其苗之碩."
고언유지왈  인막지기자지악 막지기묘지석

# 03

이런 것을 두고 자신이 수양되지 않으면 자신의 집안을 화목하게 이끌 수 없다고 한 것이다.

○ 자기를 수양하는 것은 집안을 화목하게 이끌고 나아가 나라를 다스리고 천하를 경영하는 것의 뿌리요, 첫걸음이다. 자신이 수양되어야만 형제와 다툼이 없게 되고, 부모가 되어 자식을 편애하지 않게 되고, 자식이 되어 부모를 저버리지 않게 되어 집안이 가지런히 된다.

此謂身不脩不可以齊其家.
차위신불수불가이제기가

# 제가

## 齊家

집안을 바르게 다스리다

나라를 잘 다스리기 위해서는 반드시 먼저 자신의 집안을 가지런히 해야 한다는 말은 자신의 집안사람들을 제대로 교화하지 못하면서 남을 잘 교화할 수 있는 사람은 없다는 것이다. 그러므로 군자는 집을 나서지 않고도 그 가르침을 나라 전체에 이룰 수 있으니, 효도의 정신은 임금을 섬기는 정신의 근본이요, 형제 간 우애의 정신은 윗사람을 섬기는 정신의 근본이요, 부모의 자애의 정신은 대중을 통솔하는 정신의 근본이다.

---

○ 집안을 화목하게 이끄는 것이 무엇인지 포괄적으로 말하면 바로 위에서 말한 집안사람들을 교화하는 것이다. 그런데 그 근본은 또한 자기 수양에 있음은 앞에서 말한 바와 같다. 자기 수양을 통해 훌륭한 덕을 갖추었을 때 집안사람들을 교화할 수 있으며, 감정의 집착을 어쩌지 못하여 지나치게 편애하거나 증오한다면 교화할 수 없다.

나라를 다스리는 것, 즉 국정에 참여하는 것도 결국은 모든 사람들이 덕을 갖춰 함께 살기 좋은 사회를 건설하기 위해 매진할 수 있도록 교화하는 것이다. 사회의 교화도 집안의 교화로부터 시작되는 것이므로 시작이 좋지 못했는데 과정이나 결과가 좋을 수는 없는 것이다.

군자가 집을 나서지 않고도 그 가르침을 나라 전체에 이룰 수 있다는 것은 집안에서 몸소 실천하던 효도孝·우애悌·자애慈 등의 덕목을 확충하면 그대로 사회 교화의 길이 열린다는 것이다.

국정에 참여하게 되었을 때 집안에서 부모에게 효도하던 마음으로 임금을 섬기면 충분하며, 집안에서 형제간에 우애 있어 형을 공경하던 마음으로 윗자리에 있는 사람을 공경하면 충분하며, 자식을 사랑하던 마음으로 대중을 통솔하면 충분한 것이다. 즉, 집안에서 효도와 우애와 자애에 충실하면 그것 자체가 집안을 바로잡는 것인 동시에 나아가 나라 전체를 교화하는 것이 된다는 말이다.

---

所謂治國必先齊其家者, 其家不可敎而能敎人者, 無之.
소위치국필선제기가자 기가불가교이능교인자 무지

故君子不出家而成敎於國. 孝者, 所以事君也. 弟者, 所以事長也. 慈者,
고군자불출가이성교어국 효자 소이사군야 제자 소이사장야 자자

所以使衆也.
소이사중야

강고에서 "갓난아기를 돌보듯 하라"라고 말했다. 마음에서 우러 나와 정성껏 찾으면 그 찾은 것이 비록 최선의 것에 들어맞지 않더라도 최선의 것에서 그다지 멀지는 않으리라. 자식 키우는 것을 미리 배우고 시집가는 사람은 없다.

○ 갓난아기를 돌보듯 하라고 한 것은 위정자가 백성을 돌보 는 것을 비유하여 한 말로, 부모의 자애가 백성을 이끄는 근본 이 된다고 앞에서 말한 것과 일맥상통한다. 갓난아기는 보는 것도 듣는 것도 말하는 것도 완전히 성숙하지 못하여 요구 사 항이 있을 때는 오로지 울기만 할 뿐이다. 이 때 아기가 말로 표현은 못해도 진정 아기를 위하는 마음으로 정성들여 살펴 보면 아기가 무엇을 원하는지 알아볼 수 있으며, 그것이 꼭 아 기가 원했던 바로 그것은 아닐지라도 아기가 원했던 것과 전 혀 동떨어진 것은 아닐 것이니, 이와 같이 갓난아기를 위하는 정성으로 나라를 다스려야 한다는 말이다. 정성들여 찾는다면 말 못하는 갓난아기가 원하는 것도 알아낼 수 있는데 하물며 말할 줄 아는 백성들이 원하는 것이야 알아내지 못할 바가 없 는 것이다. 또한 이런 정성은 인위적인 것이 아니라 저절로 마 음에서 우러나오는 것이다. 마치 여자가 미리 자식을 키우는 방법을 배우지 않았어도 자식을 낳으면 그 자식을 사랑하는 마음이 저절로 우러나와 훌륭하게 키우게 되는 것과 같이 해 야 한다는 말이다.

康誥曰: "如保赤子", 心誠求之, 雖不中, 不遠矣. 未有學養子而后嫁者也!
강고왈 여보적자 심성구지 수불중 불원의 미유학양자이후가자야

# 03

한 집안에 어짊의 덕목이 갖추어지면 한 나라에 어짊의 기풍이 일어나고, 한 집안에 겸양의 덕목이 갖추어지면 한 나라에 겸양의 기풍이 일어나고, 한 사람이 탐욕에 빠져 도리에 어긋난 일을 일삼으면 한 나라에 혼란이 일어나니, 자그마한 하나의 계기로 커다란 파급 효과를 미치는 것이 이와 같다. 이를 두고 한 마디 말로도 일을 망치고 한 사람으로도 나라를 안정시킨다고 하는 것이다.

○ 정치의 목표 중 하나는 온 나라에 어짊과 겸양의 기풍이 일어나게 하는 것이다. 그 계기는 다름 아닌 아주 작은 한 집안에서 시작된다는 말이다.

수많은 국민을 놓고 보면 한 사람은 아무것도 아닐 수도 있다. 그러나 어느 한 사람이 패란을 일삼아 이 사람 저 사람에게 계속 파급된다면 결국 국민 전체가 패란을 일삼는 지경에 이르고 말 것이다. 더욱이 그 한 사람이 이른바 사회 지도층에 있는 사람이라면 사회에 끼치는 영향은 실로 크다.

모든 일은 항상 하나의 조그만 계기로부터 시작되는 것이다. 내가 몸소 실천하는 조그만 선행이 온 국민에 파급될 수 있으며, 내가 한 번 저지른 부정이 사회 곳곳에 퍼질 수도 있다.

나라가 융성한다든지 혼란에 처한다든지 하는 모든 결과가 하루아침에 갑작스럽게 나타나는 것이 아니다. 매사의 결과는 항상 결과가 그렇게 되도록 이끈 조그만 계기가 있게 마련이다. 따라서 한 마디 말로도 일을 망칠 수 있고, 한 사람으로도 나라를 안정시킬 수 있다고 한 것이다. 누구에게나 작은 선행

전 9 장 제가(齊家)

의 씨앗 하나가 사회 평화의 밑거름이 되며 작은 악행의 불씨
하나가 사회 혼란의 도화선이 될 수 있다.

처음 읽는 대학·중용

一家仁, 一國興仁. 一家讓, 一國興讓. 一人貪戾, 一國作亂. 其機如此.
일가인 일국흥인 일가양 일국흥양 일인탐려 일국작란 기기여차

此謂一言僨事, 一人定國.
차위일언분사 일인정국

요堯와 순舜이 어짐의 정치로 천하를 통솔해도 백성은 따랐고, 걸桀과 주紂가 포악한 정치로 천하를 통솔해도 백성은 따랐으되, 그들의 명령이 좋아하는 것과 상반되면 백성은 따르지 않았다. 그러므로 군자는 자기에게 덕이 갖추어진 이후에 다른 사람에게 덕을 갖출 것을 요구하며, 자기에게 악이 없어진 이후에 다른 사람에게 악이 있는 것을 비난한다. 자기 입장을 통해 남의 입장을 헤아리는 덕목이 갖춰지지 않았는데 다른 사람을 깨우치게 할 수 있는 사람은 아직 없었다.

---

○ 요堯와 순舜은 가장 이상적인 성왕으로 오래도록 칭송되어 왔다. 먼 옛날 그들이 통치했던 시절을 요·순시대, 또는 당우지치唐虞之治라고 하면서 후대 사람들은 꿈을 꾸고 동경했다. 또한 역대 왕은 요·순의 정치를 재현하여 요·순 시대가 다시 도래하게 하는 것이 통치의 최고 목표이자 이상이었다.

반면에 걸桀과 주紂는 극악무도한 폭군의 전형이다. 걸은 하夏나라의 마지막 왕이었고, 주는 상商나라의 마지막 왕이었다. 걸과 주는 모두 주색을 탐닉하고 백성을 핍박하고 충신을 살상하는 것을 일삼았다. 결국 걸은 탕왕湯王에게, 주는 무왕武王에게 멸망했고, 요·순과 반대로 수천 년 동안 미움 받고 저주당해 왔다.

성군의 전형 요·순과 폭군의 전형 걸·주를 대비하여 윗물의 중요성을 말했다. 요·순이 어짐의 정치로 천하를 통솔하자 백성은 그들을 따랐다는 것은 백성이 그 어짐의 정치를 따랐다는 것이요, 걸·주가 포악한 정치로 천하를 통솔하자 백성은 그들을 따랐다는 것은 백성이 그들의 포악한 정치를 따라서 포악한 짓을 했다는 것이다. 이어서 그들이 내리는 명령이 그들이 좋아하는 것과 상반되면 백성은 따르지 않았다고 했다.

걸·주의 경우를 예로 보면, 자기들은 포악한 정치를 일삼으면서 백성에게는 공경과 충성을 보이라고 요구했기 때문에 백성은 따르지 않았다는 말이다. 어떤 법률이 얼마나 완벽하게 만들어지는가 보다는 법률을 제정하고 공포하는 당사자의 덕망과 인격이 중시되었기 때문이다. 이른바 윗물이 맑아야 아랫물이 맑다는 말과 일맥상통한다.

사회 기강이 문란하고 질서가 혼란할수록 말의 성찬이 많다. 사람마다 각자 사회가 무언가 잘못되어 가고 있다고 느끼고, 이대로는 안 되겠다 싶어 무엇이 잘못되었다는 둥 무엇을 고쳐야 한다는 둥 한 마디씩 말하기 때문이다. 자기 말대로만 하면 모든 문제가 해결될 것처럼 열변을 토하고, 또한 실제로 날카롭게 문제의 정곡을 찌르는 경우도 있다.

그러나 정작 문제는 그 모든 것이 말로 그친다는 데 있다. 자신은 돌아보지 않고 남의 잘못만 들추기 때문에 자신의 주장이 아무리 명쾌하고 정확한들 권위가 없고 믿음이 서지 않는다. 그래서 군자는 자신에게 선함이 있어야 남에게 선함을 행할 것을 요구할 수 있고 자신에게 악함이 없어야 남에게 악함을 버릴 것을 요구할 수 있는 것이다. 이것이 바로 서恕의 덕목이다.

공자는 인仁을 실현하기 위한 중요한 덕목 중의 하나로 충서忠恕를 말했다. 충忠은 자신의 정성을 다하는 것이요, 서恕는 자신의 입장을 통해 남의 입장을 헤아리는 것으로, 바로 위에서 말한 서恕이다. 공자는 서恕란 자신이 원하지 않는 것을 남에게 행하지 않는 것이며 자신이 서려고 하면 남도 서게 하는 것이라고 했다. 이것이 갖춰져야 남을 깨우치게 할 수 있고, 이것이 확충되어 나라가 다스려지고 백성이 새롭게 되는 것이다.

堯舜帥天下以仁, 而民從之. 桀紂帥天下以之,
요순솔천하이인 이민종지 걸주솔천하이폭

而民從之. 其所令反其所好, 而民不從.
이민종지 기소령반기소호 이민불종

是故君子有諸己而后求諸人, 無諸己而后非諸人.
시고군자유저기이후구저인 무저기이후비저인

所藏乎身不恕, 而能喩諸人者, 未之有也.
소장호신불서 이능유제인자 미지유야

그러므로 나라를 잘 다스리는 것은 자신의 집안을 화목하게 이끄는 것에 달려 있다.

○ 집안에서 효도의 정신과 형제간 우애의 정신은 윗사람을 섬기고 동료와 어울리는 정신의 근본이요, 부모의 자애의 정신은 대중을 통솔하는 정신의 근본이다. 이것을 미루어 확충하면 나라를 다스리는 것도 저절로 이루어질 것이다.

故治國在齊其家.
고치국재제기가

《시경詩經》의 시에서 "싱싱하고 아름다운 복사나무, 그 잎사귀 무성해라. 이 아가씨 시집가면 시댁 식구 화목하리"라고 했다. 집안사람들을 화목하게 한 연후에 온 나라 사람들을 가르칠 수 있는 것이다.

---

○《시경》주남周南〈도요桃夭〉편의 시다. 복사꽃 만발한 새 봄에 시집가는 아가씨를 축하해 읊은 시이다. 시댁에서 식구 들을 화목하게 하리라는 내용을 통하여 가정의 화목을 강조하 고, 그것이 나라의 화평을 가져오는 근본임을 말하였다. 이후 계속 시를 인용하여 나라를 다스리는 근본이 집안을 가지런히 하는 것에 있음을 강조했다.

---

詩云: "桃之夭夭, 其葉蓁蓁. 之子于歸, 宜其家人."
시운  도지요요 기엽진진 지자우귀  의기가인

宜其家人, 而后可以教國人.
의기가인  이후가이교국인

# 07

《시경詩經》의 시에서 "형과 잘 지내고 아우와도 잘 지내네"라고 하였으니, 형제간에 우애 있게 된 연후에 온 나라 사람들을 가르칠 수 있는 것이다.

---

○《시경》소아小雅〈요소蓼蕭〉편의 시다. 역시 형제간의 우애가 가정의 화목을 가져오며 가정의 화목이 나라의 화평의 근본임을 강조했다.

---

처음 읽는 대학·중용

詩云: "宜兄宜弟."
시운 의형의제

宜兄宜弟, 而后可以教國人.
의형의제 이후가이교국인

# 08

《시경詩經》의 시에서 "그 몸가짐 도리를 벗어나지 않으면, 사방
의 나라를 바로잡으리라" 하였으니, 행실과 덕망이 부모, 자식,
형제지간에 본받을 만하게 된 이후에 백성들이 본받게 되는 것
이다.

---

○《시경》조풍曹風〈시구鳲鳩〉편의 시다. 위정자가 만인이 본
받을 만한 의표를 지니고 있으면 사방의 나라를 교화하여 잘
못된 것을 바로잡을 수 있다는 내용을 읊은 시로, 이를 가족의
경우에 연계시켜 가족 구성원부터 자신의 행실과 덕망을 본받
을 수 있게 되어야 만인이 본받을 수 있게 됨을 강조했다.

---

詩云: "其儀不忒, 正是四國."
시운  기의불특 정시사국

其爲父子兄弟足法, 而后民法之也.
기위부자형제족법 이후민법지야

그렇기 때문에 나라를 잘 다스리는 것은 자신의 집안을 화목하게 이끄는 것에 달려 있다는 것이다.

○ 여기까지 9장에서 집안을 화목하게 이끄는 것의 중요성을 거듭 강조했다.

此謂治國在齊其家.
차위치국재제기가

# 치국

## 治國

나라를 다스리는 길을 찾다

이른바 온 천하를 평화롭게 하는 것은 나라를 잘 다스리는 것
에 달려 있다는 말은 윗자리에 있는 사람이 늙은이를 늙은이로
잘 대접하면 백성들 사이에는 효도의 기풍이 일어나고, 윗자리
에 있는 사람이 연장자를 연장자로 잘 대접하면 백성들 사이에
는 우애의 기풍이 일어나고, 윗자리에 있는 사람이 병들거나 가
족을 잃어 외로운 사람들을 잘 보살피면 백성들은 배반하지 않
는다는 것이다. 그렇기 때문에 군자는 혈구지도를 지닌다.

---

○ 앞장에서 나라를 다스리는 것이 집안을 가지런히 하는 데
있음을 말하면서 집안을 가지런히 하는 데 중요한 덕목이 효
孝·제悌·자慈, 즉 효도·우애·자애 임을 역설한 바 있다.
이 덕목은 집안을 화목하게 하는 데서 그치지 않고 나라를 다
스리는 근본이 되며, 나아가 천하를 화평하게 하는 것의 근간
도 된다는 말이다. 늙은이를 늙은이로 잘 섬기는 것은 효도의
확충이요, 연장자를 연장자로 잘 받드는 것은 우애의 확충이
요, 외롭고 불쌍한 이들을 보살피는 것은 자애의 확충이기 때
문이다.
그래서 지도자 자리에 있는 사람이 부모에게 효도하듯 천하의
늙은이를 늙은이로 잘 섬기고, 형을 공경하듯 천하의 연장자
를 연장자로 잘 받들고, 자식을 사랑하듯 천하의 외롭고 불쌍
한 이를 사랑하면, 천하의 온 백성이 이를 보고 따라 하여 효도
와 우애와 자애가 온 천하에 퍼지는 것이다.
집안에서 나라로, 나라에서 천하로 규모는 점차 커지고 경영
방법은 갈수록 어렵고 복잡해진다 해도 그 근본 덕목은 변함

없다. 지도자가 이럴진대 백성이 따르지 않을 리 없으며 배반할 리 없는 것이다.

혈은 헤아린다는 뜻이요, 구는 직각자이다. 혈구지도란 각진 물건을 재고 다듬을 때 직각자로 재고 다듬듯이 내 마음을 잣대로 삼아 타인의 마음을 헤아리는 것이다. 직각자 하나로 세상의 각진 물건을 모두 잴 수 있듯이 나의 좋아함과 싫어함이 하나의 잣대가 되어 남의 좋아함과 싫어함을 헤아리지 못할 바가 없는 것이다. 이는 바로 내가 원하지 않는 것은 남에게도 베풀지 않는다는 서恕와 같은 것이다.

所謂平天下在治其國者, 上老老而民興孝, 上長長而民興弟,
소위평천하재치기국자 상로로이민흥효 상장장이민흥제

上恤孤而民不倍, 是以君子有絜矩之道也.
상휼고이민불배 시이군자유혈구지도야

윗사람에게서 싫다고 느꼈던 것으로 아랫사람을 시키지 말며, 아랫사람에게서 싫다고 느꼈던 것으로 윗사람을 모시지 말며, 앞사람에게서 싫다고 느꼈던 것으로 뒷사람을 이끌지 말며, 뒷사람에게서 싫다고 느꼈던 것으로 앞사람을 따라 하지 말며, 오른쪽 사람에게서 싫다고 느꼈던 것으로 왼쪽 사람에게 건네지 말며, 왼쪽 사람에게서 싫다고 느꼈던 것으로 오른쪽 사람에게 건네지 말아야 한다. 이런 것을 혈구지도라고 한다.

○ 윗사람이 나에게 함부로 하는 것을 원하지 않는다면 그런 나의 마음을 헤아려 아랫사람을 대하고, 아랫사람이 나에게 무례하게 하는 것을 원하지 않는다면 그런 나의 마음을 헤아려 윗사람을 대하고, 상하 전후좌우에 걸쳐 모든 인간관계에서 이렇게 하는 것이 또한 혈구지도이다.

상사에게 꾸중을 받고 부하에게 화풀이하거나 부하가 자기를 공경하지 않는 것을 탓하면서 자기는 상사를 못마땅해 하는 등 인간 사회에 혈구지도를 필요로 하지 않는 경우가 없다. 혈구지도는 바로 삶을 살아가는 잣대이기 때문이다.

所惡於上, 毋以使下 所惡於下, 毋以事上 所惡於前, 毋以先後 所惡於後,
소오어상 무이사하 소오어하 무이사상 소오어전 무이선후 소오어후

毋以從前 所惡於右, 毋以交於左 所惡於左, 毋以交於右 此之謂絜矩之道.
무이종전 소오어우 무이교어좌 소오어좌 무이교어우 차지위혈구지도

《시경詩經》의 시에서 "즐겁구나 저 군자여, 백성들의 부모로다"라
고 하였으니, 백성들이 좋아하는 것을 좋아하고, 백성들이 싫어
하는 것을 싫어하면, 이를 일러 백성들의 부모라고 하는 것이다.

---

○《시경》소아小雅〈남산유대南山有臺〉 편의 시다. 즐거이 혈
구지도를 행하는 군자의 모습을 칭송했다. 백성이 좋아하는
것을 좋아하고 싫어하는 것을 싫어함이 군자의 혈구지도로,
군자는 즐거운 마음으로 이를 행하는 것이다. 백성과 한마음
이 되어 백성이 좋아하는 것을 권장하고 백성이 싫어하는 것
을 제거하여 마치 부모가 자식을 돌보듯이 하므로 혈구지도를
행하는 군자는 바로 백성의 부모라고 했다.

---

詩云: "樂只君子, 民之父母."
시운 낙지군자 민지부모

民之所好好之, 民之所惡惡之, 此之謂民之父母.
민지소호호지 민지소오오지 차지위민지부모

# 04

《시경詩經》의 시에서 "우뚝 솟은 저 남산에 바위들이 울퉁불퉁, 번쩍번쩍 태사 윤씨 백성 모두 쳐다보네"라고 했다. 나라를 다스리는 자는 신중히 하지 않을 수 없으니, 한 곳으로 치우치면 온 천하 사람으로부터 벌을 받게 된다.

---

○ 《시경》 소아小雅 〈절남산節南山〉 편의 시다. 주周나라 유왕幽王 때 정권을 장악하여 나라를 위태롭게 만든 태사 윤씨를 질책한 것이다. 태사太師는 당시 가장 높은 관직이었다. 깎아지른 듯 우뚝 솟은 남산은 태사의 직위가 그만큼 높음을 형용한 것이요, 바위가 울퉁불퉁하다는 것은 남산이 험함을 형용한 것으로, 바로 태사의 정치가 순탄하지 못함을 표현한 것이다.
우뚝 솟은 남산을 백성이 항상 쳐다보듯 높고 높은 태사의 자리 또한 백성이 항상 쳐다보기 때문에 정치를 잘 하지 않을 수 없음을 말했다. 백성의 눈은 피할 수 없기 때문이다. 태사와 같이 높은 자리에 있는 자가 취해야 할 도는 다름 아닌 혈구지도로, 혈구지도에 의하지 않고 자신의 사욕에 의해 편파적인 정치를 하면 이를 항상 주시하는 백성의 준엄한 심판을 면하기 어렵다는 말이다.

---

처음 읽는 대학·중용

詩云: "節彼南山, 維石巖巖, 赫赫師尹, 民具爾瞻."
시운 절피남산 유석암암 혁혁사윤 민구이첨

有國者不可以不愼, 辟則爲天下僇矣.
유국자불가이불신 벽즉위천하륙의

《시경詩經》의 시에서 "은殷나라가 대중의 지지를 잃지 않은 것은 상제 뜻에 맞아서네. 은나라를 귀감으로 삼는다면, 주周나라 천명은 변함없이 영원하리"라고 하였으니, 대중의 지지를 얻으면 나라를 얻게 되고, 대중의 지지를 잃으면 나라를 잃게 됨을 말한 것이다.

○ 《시경》 대아大雅 〈문왕文王〉 편의 시다. 주나라가 천명을 받아 천하를 차지하였으니 천명을 영원히 보존하려면 마땅히 이전 은나라의 경우를 귀감으로 삼아야 한다는 말이다. 즉, 이제는 망했지만 은나라도 천하의 종주로 천명을 받은 때가 있었으니, 그것은 바로 대중의 지지 여하에 달려 있다는 것이다. 주왕紂王에 이르러 대중의 지지를 잃었기 때문에 은나라는 결국 망한 것이다. 이쯤 되면 은나라의 경우에서 무엇을 귀감으로 삼을 것인가는 명백하다. 천명은 다른 데 있는 것이 아니라 바로 민의民意, 즉 대중의 지지 여하에 있다는 것이다. 민의의 상실은 정권의 몰락을 의미한다. 이것을 안다면 통치자는 겸허하게 민의, 즉 대중의 여론에 귀를 기울이지 않을 수 없다.

**107**

詩云: "殷之未喪師, 克配上帝. 儀監于殷, 峻命不易."
시운 은지미상사 극배상제 의감우은 준명불역

道得衆則得國, 失衆則失國.
도득중즉득국 실중즉실국

그러므로 군자는 먼저 덕을 쌓는 것에 힘쓴다. 덕이 있으면 이에 따르는 사람이 있게 되며, 따르는 사람이 있으면 이에 땅이 있게 되며, 땅이 있으면 이에 재물이 있게 되며, 재물이 있으면 이에 쓰임이 있게 된다.

○ 여기서의 군자는 나라를 다스리는 자리에 있는 사람을 가리킨다. 나라를 다스리자면 이것저것 신경을 써야 할 일이 많겠지만, 어느 것보다도 먼저 해야 할 일은 자신의 덕을 쌓는 것임을 말했다.

나라의 명맥을 보존하는 근본은 대중의 지지를 얻는 것에 있으며 대중의 지지를 잃으면 나라도 잃게 된다는 것을 앞에서 말했는데, 대중의 지지를 얻는 길은 바로 자신의 덕을 갈고닦는 것에 있다.

《대학》의 내용을 빌면, 만물의 이치를 따지고, 앎을 투철히 하고, 의지를 성실히 다지고, 마음을 바르게 하는 자기 수양이 곧 덕을 닦는 것이며, 이 갈고닦은 밝은 덕을 밝혀 백성들도 모두 동참하게 하는 것이 나라를 다스리는 자의 도리다.

항상 덕을 쌓는 것에 열심이고 남을 덕으로 교화하는 사람에게 대중은 즐거이 모여들게 마련이니 이에 백성이 있게 되고, 백성이 있게 되면 그들이 살아가는 삶의 터전인 땅도 따라 복속하는 셈이니 이에 영토가 있게 되고, 영토가 있게 되면 거기서 산물이 나게 마련이니 이에 재물이 있게 되고, 재물이 있게 되면 바르게 쓰일 곳은 얼마든지 있는 것이다.

옛날에 국력은 인구·영토·물산의 많고 적음에 따라 판가름 났기 때문에 군주는 세 가지를 늘리는 것에 온 힘을 기울였으나,

먼저 자신의 덕을 쌓아 덕치를 행하면 세 가지는 자연스럽게
찾아든다는 것을 일깨우고 있다.

是故君子先愼乎德. 有德此有人, 有人此有土, 有土此有財, 有財此有用.
시고군자선신호덕 유덕차유인 유인차유토 유토차유재 유재차유용

## 07

## 덕이 근본이요, 재물은 말단이다.

○《대학》에서는 시종일관 근본과 말단을 잘 깨달아 우선 근본에 힘써야 함을 강조하고 있다. 국가의 경영에서도 통치자들은 너도나도 재물을 확충하는 것에 전심전력하지만 사실 이는 말단임을 일깨운 것이다. 그러나 말단이라고 해서 무시해도 좋다는 뜻은 전혀 아니다. 단지 우선해야 할 것과 나중 해도 될 것을 분명히 알아야 한다는 말이다. 재물이 많이 생겨도 먼저 재물을 바르게 쓸 줄 아는 안목을 키우지 않으면 그 재물로인해 오히려 화를 입게 되기 때문이다.

德者本也, 財者末也.
덕자본야 재자말야

근본을 경시하고 말단을 중시하면 서로 다투어 **빼앗는** 것을 백
성에게 가르치는 것이다.

○ 근본을 경시하고 말단을 중시한다는 것은 통치자가 덕으로
써 교화하는 정치에 힘쓰지 않고 단지 인구·영토·재물 만을
늘리는 데 힘쓴다는 것이다. 그러려면 강압적인 수단을 사용
해야 하며, 이는 결국 빼앗는 것이다. 위에서 행하는 것은 밑에
서 본받게 되어, 결국 백성도 서로 싸우고 빼앗는 것을 일삼게
된다는 말이다.

外本內末, 爭民施奪.
외본내말 쟁민시탈

그러므로 재물이 모여들면 백성은 흩어지며, 재물이 흩어지면 백성은 모여든다.

---

○ 사람이면 누구나 재물을 가지고 싶어 하지만, 재물이 모이게 하는 데는 올바른 도의가 있다. 덕치를 행하여 저절로 모이게 해야 한다는 것이다. 덕치에 힘쓰지 않고 오직 재물 모으는 것에만 급급하여 싸우고 빼앗는 지경에 이른다면 백성도 이를 보고 서로 싸우고 빼앗게 될 것이니, 민심이 흩어지는 것이 당연하다.

---

처음 읽는 대학·중용

是故, 財聚則民散, 財散則民聚.
시고 재취즉민산 재산즉민취

# 10

그러므로 말이 어긋나게 나가면 역시 어긋나게 들어오고, 재물
이 어긋나게 들어오면 역시 어긋나게 나간다.

○ 말을 하는 것도 재물을 모으는 것도 정도를 지켜야 한다는
말이다.

是故, 言悖而出者, 亦悖而入. 貨悖而入者, 亦悖而出.
시고 언패이출자 역패이입 화패이입자 역패이출

# 11

강고에서 "천명은 영원불변하는 것이 아니다"라고 했다. 선하면 천명을 얻고 선하지 않으면 천명을 잃는다는 말이다.

---

○ 천명은 천하를 통치할 권한과 사명을 말한다. 하늘이 명한 다는 인식에서 천명이라고 했다. 그런데 천명은 실제로 하늘이 부여하는 것이 아니라 민심을 통해 나타난다고 했다. 그래서 민심이 모여들면 천명을 얻는 것이요, 민심이 흩어지면 천명을 잃는다고 했다. 실로 통치자가 두려워해야 할 바는 하늘이요, 그 하늘은 바로 백성이다. 따라서 어느 한 성씨가 천명을 받았다고 해서 영원히 그 성씨에게 천명이 지속되는 것은 아니다. 민심이 향하는 곳에 천명이 있으니, 통치자는 끊임없이 덕을 닦고 교화하면 그것을 얻고 방탕하고 무도하면 그것을 잃게 된다.

---

처음 읽는 대학·중용

康誥曰: "惟命不于常!"
강고왈  유명불우상

道善則得之, 不善則失之矣.
도선즉득지 불선즉실지의

# 12

《초서》에서 "초나라에는 보배로 여길 만한 것이 없고, 오직 선한 이를 보배로 여길 뿐이다"라고 했다.

---

○ 《국어國語》〈초어楚語〉에 나오는 이야기다. 초나라 대부大夫 왕손어王孫圉가 진晉나라에 사신으로 갔을 때, 진나라의 조간자趙簡子가 초나라의 진귀한 보석으로 알려신 백형白珩에 대해서 물어보자, 왕손어는 백형 따위의 패옥은 그저 노리개에 불과할 뿐 보배라고 할 수 없고 초나라에 두 현명한 신하가 있으니 그들이야말로 초나라의 보배라고 대답했다고 한다. 이로부터 재물보다 인재를 중히 여겼던 초나라를 제후들이 감히 넘보지 못했다고 한다.

---

전
10
장
치
국
(治
國)

楚書曰: "楚國無以爲寶, 惟善以爲寶."
초서왈  초국무이위보 유선이위보

# 13

구범은 "이 나라 저 나라 떠도는 사람은 보배로 여길 만한 것이 없으니, 어버이 사랑함을 보배로 여긴다"라고 했다.

---

○ 구범은 춘추시대 진晉나라 사람으로, 이름은 호언狐偃이요, 자字는 자범子犯이다. 진晉나라 문공文公, 즉 중이重耳의 외숙이기 때문에 외숙 구구舅를 앞에 붙여 구범舅犯이라고 했다.

중이는 진晉나라 헌공獻公의 둘째 아들이다. 헌공이 여융驪戎을 정벌하고 여희驪姬라는 예쁜 여인을 얻어 돌아온 이후 여희를 총애했다. 여희는 헌공의 총애를 등에 업고 자기 소생의 아들이 헌공의 뒤를 잇게 하고자 중이의 형인 태자 신생申生을 모함하여 죽이고 중이를 포함한 다른 공자公子들도 제거하려고 했다. 이에 중이는 진晉나라를 떠나 19년 동안 망명 생활을 했다. 호언狐偃, 즉 구범은 망명 생활을 하던 중이를 19년 동안 형과 함께 수행하며 보필했다.

중이가 망명 생활을 하던 중 아버지 헌공이 본국에서 세상을 떠났다. 이에 진秦나라 목공穆公이 망명 중인 중이에게 조문 사절을 보내 위로하고 이 기회를 잃지 말고 어서 진晉나라로 돌아가 여희 일당을 몰아내고 헌공의 뒤를 이으라고 권유했다. 중이는 진秦나라 목공의 권유를 어떻게 받아들여야 할지 구범에게 자문을 구했다.

여기서 인용한 말은 바로 이 때 구범이 대답한 말이다. 즉, 아무리 절호의 기회가 왔다고 해도 자식이 부친의 호상을 마치지 못하고 공격을 일삼는 것은 도리가 아니므로 그만둬야 한다는 말이다. 울분의 설욕이나 왕권의 계승보다 먼저 자식의 도리를 다하는 것이 바로 다른 어느 것보다 덕을 소중히 여기는 것이요, 근본을 먼저 이루는 것이다. 나중에 중이는 결국 진秦나라 목공의 도움으로 진晉나라로 돌아가 문공文公이 되었고, 구범을 중용하여 천하의 패권을 차지했다.

舅犯曰:"亡人無以爲寶, 仁親以爲寶."
구범왈　망인무이위보　인친이위보

진서에서 다음과 같이 말했다.

"만약 한 신하가 있어, 우직하고 성실하며 다른 특별한 재주는 없으나 마음이 너그럽고 선량하여 사람을 포용할 도량이 있다면, 남에게 재능이 있는 것을 마치 자기에게 있는 것처럼 생각하며 남의 훌륭함과 뛰어남을 마음속으로 좋아하여 그저 입으로만 칭찬하는 것에서 그치지 않는다면, 진실로 사람을 포용할 수 있으리니, 우리 자손과 백성을 잘 보호할 수 있을 것이며, 오히려 나라에 이익이 있을 것이로다. 남에게 재능이 있는 것을 시기하고 미워하고, 남의 훌륭함과 뛰어남을 꺼려하고 배척하여 통하지 못하게 하면, 진실로 사람을 포용할 수 없으리니, 우리 자손과 백성을 잘 보호할 수 없을 것이다. 역시 위태롭다 할 것이다."

○ 진서秦誓는 《서경書經》〈주서周書〉의 한 편이다. 진秦나라 목공穆公이 신하의 충고를 듣지 않고 정鄭나라를 공격했다가 진晉나라의 습격을 받아 대패하고 돌아와 신하들 앞에서 행한 후회와 서약의 말이라고 한다. 인재를 등용할 경우 능력과 덕망 중 어느 것을 중시해야 하는가를 깨달아 신하들 앞에서 공표한 것이다.

뚜렷한 재능은 없다 할지라도 남의 좋은 점을 마음속으로 기쁘게 받아들이는 포용력을 갖춘 사람이 나라와 백성을 위해 진정 도움이 되는 사람임을 말했다. 반대로 남의 좋은 점을 시기하고 질투하며 꺼려하고 배척하는 사람은 아무리 유능하다 할지라도 나라를 돌보고 백성을 보살필 자격이 없는 사람으로, 오히려 나라와 백성에 해만 끼칠 뿐임을 말했다.

秦誓曰: "若有一个臣, 斷斷兮無他技, 其心休休焉, 其如有容焉.
진서왈  약유일개신 단단혜무타기 기심휴휴언 기여유용언

人之有技, 若己有之, 人之彦聖, 其心好之, 不啻若自其口出,
인지유기 약기유지 인지언성 기심호지 불시약자기구출

寔能容之, 以能保我子孫黎民, 尙亦有利哉. 人之有技, 媢疾以惡之,
식능용지 이능보아자손려민 상역유리재 인지유기 모질이오지

人之彦聖, 而違之俾不通, 寔不能容, 以不能保我子孫黎民, 亦曰殆哉."
인지언성 이위지비불통 식불능용 이불능보아자손려민 역왈태재

# 15

오직 어진 사람만이 시기하고 질투하는 옳지 못한 자를 내쫓아서 사방 끝 야만족 땅으로 몰아냄으로써 중국의 문화와 함께하지 못하게 할 수 있다. 이를 두고 오직 어진 사람만이 사람을 사랑할 수 있고 사람을 미워할 수 있다고 하는 것이다.

○ 사람이면 누구나 좋아하고 싫어하는 감정이 있을 수 있으되 그 감정이 공평무사함으로써 만인이 호응하여 믿고 따르게 하는 것은 지극히 어렵다. 좋아할 만한 사람이 있고 미워할 만한 사람이 있다 하지만 오직 혈구지도를 갖춘 어진 사람만이 사리사욕을 버리고 누구든지 좋아할 만한 사람을 좋아하고 누구든지 미워할 만한 사람을 미워할 수 있다는 뜻이다.

즉, 어진 사람이 좋아하는 자는 나라와 백성에 이익을 주어 만인이 좋아하고 존경할 만한 사람이요, 어진 사람이 미워하는 자는 나라와 백성에 해악을 끼쳐 만인이 미워하고 배척할 만한 사람인 것이다. 따라서 어진 사람이 누구를 내쫓으면 원망하는 사람 하나 없이 모두 기뻐하니, 마땅히 내쫓아야 할 사람을 내쫓았기 때문이다.

唯仁人放流之, 迸諸四夷, 不與同中國. 此謂唯仁人爲能愛人, 能惡人.
유인인방류지 병저사이 불여동중국 차위유인인위능애인 능오인

# 16

현명한 사람을 보고서도 등용하지 못하고 등용해도 남들보다 먼저 하지 못하면 태만한 것이요, 선하지 못한 사람을 보고서도 물리치지 못하고 물리쳐도 멀리하지 못하면 잘못이다.

---

○ 현명한 사람은 선한 사람으로, 만인이 좋아하고 사랑할 만한 사람이다. 따라서 혈구지도를 갖추고 있는 통치자라면 누구보다 먼저 현명한 사람을 사랑하고 등용해야 한다. 선하지 못한 사람은 만인이 싫어하고 미워할 만한 사람이다. 따라서 역시 혈구지도를 갖추고 있는 통치자라면 누구보다 심히 미워하고 멀리해야 한다. 통치자에게는 좋아함과 싫어함이 가져오는 결과가 자기 한 몸에서 그치지 않기 때문에 신중에 신중을 기하여, 선한 자는 반드시 주저하지 말고 먼저 사랑하여 등용해야 할 것이요, 악한 자는 용납하지 않고 확실하고 분명하게 멀리해야 할 것이다.

---

見賢而不能擧, 擧而不能先, 命也. 見不善而不能退, 退而不能遠, 過也.
견현이불능거 거이불능선 명야 견불선이불능퇴 퇴이불능원 과야

## 17

사람들이 싫어하는 것을 좋아하고 사람들이 좋아하는 것을 싫어하면, 이를 두고 사람의 본성에 역행한다고 하는 것이니, 재앙이 반드시 그 몸에 찾아갈 것이다.

---

○ 만인이 좋아하는 것은 선이요, 만인이 싫어하는 것은 악이다. 즉, 선을 좋아하고 악을 싫어함은 인간 모두에게 보편적인 것으로, 혈구지도의 근본이다. 이를 역행하는 것은 재앙을 불러들이는 것과 같다는 말이다.

---

好人之所惡, 惡人之所好, 是謂拂人之性, 菑必逮夫身.
호인지소오 오인지소호 시위불인지성 재필체부신

# 18

그러므로 다스리는 자리에 있는 이가 갖춰야 할 커다란 도가 있으니, 반드시 충과 신으로 얻을 것이요, 교만으로 잃을 것이다.

---

○ 통치자 위치에 있는 자가 갖춰야 할 도는 혈구지도이다. 민심을 얻으면 나라를 얻게 되고 민심을 잃으면 나라를 잃게 됨을 말했고, 선하면 천명을 얻게 되고 선하지 않으면 천명을 잃게 됨을 말했다. 또한 민심과 천명을 얻는 길은 모두 혈구지도를 갖추는 것에 있음을 알 수 있었다. 나라를 잘 다스리고 천하를 화평하게 하는 길은 결국 혈구지도로 귀결되는 것이다. 따라서 여기서 다시 한 번 강조하여 충忠과 신信으로 얻고 교만으로 잃는다고 말했다.

충忠은 자신의 정성을 다하는 것이요, 신信은 만물의 이치에 위배되지 않는 것으로, 충은 신의 근본이요 신은 충의 발현이라고 했다. 정성을 다하여 자신을 갈고닦아 본성을 발현하고, 이를 확충하여 어딜 가나 도리와 이치에 어긋남이 없게 될 때 혈구지도를 얻게 된다. 교만은 독선과 배타로 흐르기 쉬워서, 통치자가 교만하면 좋아함과 싫어함을 백성과 함께하기를 꺼려하고 독재를 낳기 쉬우니, 이는 혈구지도를 잃는 길이다.

是故君子有大道, 必忠信以得之, 驕泰以失之.
시고군자유대도 필충신이득지 교태이실지

재물이 생기게 하는 이상적 원칙이 있다. 생산하는 사람이 많고, 하는 일 없이 먹는 사람이 적으며, 만드는 사람이 신속히 만들고, 사용하는 사람이 천천히 사용하면, 재물은 항상 풍족하다.

○ 나라의 살림에 재물은 반드시 필요한 것이다. 공자도 "의식이 풍족해야 예절을 알게 된다"라고 말했다. 다만 재물은 말단의 것이어서 먼저 덕을 쌓으면 재물은 저절로 모여든다고 앞에서 말한 바 있다. 즉, 재물은 없어서는 안 되지만, 오로지 재물을 늘리는 것에만 힘쓰거나 옳지 못한 수단으로 늘리려 할 경우 문제가 된다는 것이다.

여기서는 어떤 방법으로 나라의 재물을 늘리는 것이 옳은 길인가를 말하고 있다. 생산하는 사람이 많다는 것은 사람들이 저마다 맡은 일이 있게 함을 말한다. 하는 일 없이 먹는 사람이 적다는 것은 정부나 회사에 특혜를 위한 자리를 두어 아무 일도 하지 않고 봉급만 받아 먹게 하는 경우가 없게 함을 말한다. 이리하여 각자 맡은 일을 부지런히 하고, 수입과 지출을 따져 사용하면 재물은 항상 풍족하게 될 것이다.

처음 읽는 대학·중용

生財有大道, 生之者衆, 食之者寡, 爲之者疾, 用之者舒, 則財恒足矣.
생재유대도 생지자중 식지자과 위지자질 용지자서 즉재항족의 어진 사람은 재물을 사용하여 자신을 일으키고, 어질지 못한 사람은 자신을 이용하여 재물을 일으킨다.

○ 재물을 사용하여 자신을 일으킨다 함은 재물로 민심을 사고파는 따위를 말하는 것이 아니라 재물을 혼자 독점하지 않고 만인과 공유하여 덕망을 얻는다는 것이다. 자신을 이용하여 재물을 일으킨다 함은 오로지 재물을 쌓는 것에 급급하여 자신을 돌보지 않는다는 것이다. 특히 높은 자리에 앉아 그 권력을 이용하여 재물을 긁어모으다가 자리를 욕되게 하고 자신을 망치는 경우를 흔히 보게 되는데, 이런 것이 자신을 이용하여 재물을 일으키는 것이다.

仁者以財發身, 不仁者以身發財.
인자이재발신 불인자이신발재

## 21

윗사람이 인을 좋아하는데 아랫사람이 의를 좋아하지 않은 적은 없었으며, 의를 좋아하는데 그 일이 좋은 끝맺음을 보지 않은 적은 없었으며, 인과 의를 따라 행하여서 창고의 재물이 자신의 재물이 되지 않은 적은 없었다.

○ 윗사람이 재물에 욕심을 두지 않고 오직 인仁으로 아랫사람을 대하면 아랫사람은 의義로써 충성을 다한다. 의義로써 충성을 다하면 윗사람이 하고자 했던 일은 자연히 좋은 끝맺음을 보게 된다. 이와 같이 상하가 인과 의로 맺어지면 창고의 재물은 헛되이 나가는 법이 없어 진정한 자신의 재물이 되는 것이다.

未有上好仁而下不好義者也, 未有好義其事不終者也,
미유상호인이하불호의자야 미유호의기사부종자야

未有府庫財非其財者也.
미유부고재비기재자야

# 22

맹헌자는 "수레에 매는 마필을 기를 정도의 집안이라면 닭이나 돼지를 키워 이익을 얻으려는 일은 넘보지 않으며, 얼음을 베어다 쓸 수 있는 정도의 집안이라면 소나 양을 키워 이익을 얻으려는 일은 넘보지 않으며, 네 필 말이 끄는 마차 백 대를 동원할 수 있는 정도의 집안이라면 백성의 재물을 무자비하게 긁어모으는 신하를 두지 않는 법이다. 백성의 재물을 무자비하게 긁어모으는 신하를 두느니, 차라리 도둑질하는 신하를 두겠다"라고 했다. 이것은 나라는 이익을 이익으로 여기지 않고, 의를 이익으로 여긴다는 것이다.

○ 맹헌자는 노魯나라 대부大夫이다. 현명한 자 앞에서 자신을 낮추고 유능한 자를 예로써 대하여 천하의 인재가 그의 곁에 모였고, 노나라의 국정에 참여하여 덕치를 폈다고 한다.

수레에 매는 마필을 기르는 집안은 대부大夫 이상의 집안을 말한다. 당시에는 대부 이상의 신분인 사람만 수레를 탈 수 있었다. 닭이나 돼지를 키워 이익을 얻으려는 일을 넘보지 않는다는 것은 닭이나 돼지를 키우는 일은 대부 이하의 사람들이 하는 일로, 그들의 생업을 침범하지 않음으로써 그들의 이익을 넘보지 않는다는 것이다.

얼음을 베어다 쓸 수 있는 정도의 집안 역시 대부 이상의 집안을 말한다. 역시 당시에는 대부 이상의 신분이 되어야만 상례나 제사 때 석빙고에서 얼음을 베어다 쓸 수 있었다. 소나 양을 키워 이익을 얻으려는 일을 넘보지 않는다는 것 역시 대부 이하의 사람들의 생업을 침범하지 않는다는 말이다.

백승지가百乘之家란 승乘, 즉 네 필 말이 끄는 전차 백 대를 동원할 수 있는 집안이라는 뜻으로, 역시 대부의 집안을 말한다. 당시 대부에게는 일정한 구역의 영토가 주어져 세금을 받고 신하를 둘 수 있었다. 취렴지신聚斂之臣은 백성의 재물을 무자비하게 긁어모으는 신하를 말하는데, 맹헌자는 대부로서 자기 재량으로 신하를 둘 수 있다 한들 백성의 재물을 빼앗는 신하는 두지 않겠다고 말한 것이다. 여기서 도둑질하는 신하란 대부의 재산을 도둑질하는 신하로 보는 것이 옳다. 즉, 맹헌자는 차라리 자기 자신의 재산을 도둑질당하는 한이 있더라도 백성이 억울하게 재물을 빼앗기는 일은 절대 없게 하겠다는 뜻으로 말한 것이다.

이익에는 공익과 사익의 두 가지가 있다. 공익은 만인에게 혜택이 돌아가는 이익이요, 사익은 한 개인에게만 혜택이 돌아가는 이익이다. 이익을 이익으로 여기지 않는다고 할 때, 앞의 이익은 사적인 이익이요, 뒤의 이익은 공적인 이익이다. 공적인 이익은 오직 의義를 앞세울 때 세워진다. 의義는 간단히 말하면 사람이 마땅히 가야 할 길이다. 여기서 한 말은 사익을 앞세우면 공익은 무너지고 공익을 앞세우면 사익은 저절로 찾아든다는 뜻과 같다. 의는 근본이요, 사익은 말단이기 때문이다. 맹헌자의 말과 같이 통치자의 도리를 다하여 백성의 이익을 먼저 생각하고 중시하면 민의를 얻고 나라를 보존하는 최고의 이익이 돌아올 것이다.

孟獻子曰: "畜馬乘不察於鷄豚, 伐冰之家不畜牛羊, 百乘之家不畜聚斂之臣,
맹헌자왈 축마승불찰어계돈 벌빙지가불축우양 백승지가불축취렴지신

與其有聚斂之臣, 寧有盜臣." 此謂國不以利爲利, 以義爲利也.
여기유취렴지신 녕유도신 차위국불이리위리 이의위리야

국가의 우두머리가 되어 재물을 모아 쓰는 것에만 힘쓴다면 이는 필시 소인 때문이다. 선한 정치를 한다고 하면서 소인을 시켜 국가를 통치하게 하면 재난과 피해가 모두 닥칠 것이요, 비록 선한 사람이 있다 해도 역시 어떻게 할 방법이 없으리라. 이를 두고 나라는 이익을 이익으로 여기지 않고, 의를 이익으로 여긴다고 한다.

○ 군주가 해야 할 일 중 중요한 것이 신하의 현명함과 모자람을 판별하는 일이다. 군주 혼자 나라의 모든 일을 맡아볼 수 없을 바엔 신하를 등용하여 각자에게 책임을 맡겨야 하는데, 올바른 신하를 가려 등용하기가 쉽지 않기 때문이다. 따라서 나라의 운명은 신하의 현명함 여부에 달려 있다고 해도 과언이 아니다. 즉, 군자를 신하로 등용하느냐 소인을 신하로 등용하느냐에 따라 나라의 운명은 물론 군주 자신의 운명도 결정되는 것이다.

소인은 오직 군주의 비위를 맞추고 아첨을 잘하여 군주의 눈에 들기 쉽고, 이리하여 군주는 소인에게 국정의 모든 것을 맡기기 쉽다. 소인이 국정을 맡게 되면 온갖 아첨으로 군주의 눈과 귀를 가리고 자신은 사리사욕을 채우는 데 급급하여 끊임없이 비리를 저지르고 백성의 고혈을 빨아낸다.

이리하여 백성의 원망을 사고, 민심은 그런 신하를 등용한 군주를 등지게 되고, 나라는 내우외환에 시달리게 된다. 이런 지경에 이르면 나라에 아무리 뜻있는 자가 있어 잘못된 것을 바로잡으려 해도 역부족이어서 결국 패망의 길로 나아가게 된다. 예나 지금이나 통치자가 측근을 잘못 둠으로써 나라를 망치고 자신은 죽음을 당한 예가 비일비재하니, 통치자는 무엇보다도 이 점을 가장 경계해야 할 것이다.

통치자는 이익을 위한 이익의 추구보다는 의義를 통한 이익의 실현에 힘을 기울여야 할 것이다. 이는 다름 아닌 혈구지도의 체득과 실현을 말한다. 혈구지도는 밝은 덕을 쌓은 자신을 바탕으로 만인의 공동선을 깨달아 실현해가는 것이므로, 혈구지도를 통해 도래하는 이익이야말로 참다운 이익인 것이다.

長國家而務財用者, 必自小人矣. 彼爲善之, 小人之使爲國家, 菑害並至.
장국가이무재용자 필자소인의 피위선지 소인지사위국가 재해병지

雖有善者, 亦無如之何矣! 此謂國不以利爲利, 以義爲利也.
수유선자 역무여지하의 차위국불이리위리 이의위리야

중용

# 중용장구서

## 中庸章句序

주희의 중용 해설서

《중용》은 왜 지었을까? 자사가 도학 전승 전통이 사라질까 염려하여 지은 것이다. 아득한 옛날에 성스럽고 신명스런 자가 하늘의 뜻을 이어 천하의 법도를 세우면서부터 도통의 전승이 시작되었다. 《경서經書》에 실린 것을 보자면, "중도를 잘 견지하라"는 말은 요왕이 순왕에게 전수해준 말이요, "사람의 마음은 위태롭고 도는 은미하니, 오직 정밀하고 한결같이 중도를 잘 견지하라"는 말은 순왕이 우왕에게 전수해준 말이다. 요왕의 한 마디가 지극하고 극진했는데 순왕이 거기에 몇 마디 덧붙인 것은 요왕의 말은 그렇게 함으로써 실현될 수 있음을 밝힌 것이다.

○ 《중용》의 저작 동기와 작자에 대한 주희의 견해를 말한 것이다. 자사자子思子는 공자의 손자 공급孔伋의 자字 자사子思에 존칭 자子를 붙인 것이다. 원래 존칭 자子는 성姓에 붙이는 것이 관례이지만, 자사는 성姓에 자子를 붙이면 공자孔子가 되어 조부와 구분되지 않으므로 자사자로 호칭했다.

사마천司馬遷의 《사기史記》를 비롯한 몇몇 서적에서 《중용》의 작자는 자사라고 언급했고, 주희도 《중용》의 작자는 자사라고 단정했지만, 청대淸代에 이르러 이에 대해 많은 논란이 있었다. 《중용》의 작자와 편집 시기에 대해서 절충적 견해를 정리하면, 《중용》은 자사에 의해 기초가 이루어졌고 이후 진한秦漢 시기에 이르기까지 여러 학자의 보충과 해설이 더해져서 현재의 모습으로 완성되었다. 다만 여기서는 《중용장구서中庸章句序》의 전후 문맥 이해를 위해서 주희의 견해를 따랐다.

도학의 전통은 이른바 도통道統을 말하는 것으로, 주희 입장에서는 유가의 정통 사상 전승을 뜻한다.《중용》을 중심으로 한 도통의 이해와 전승에 관한 것이 이 서문의 주된 내용이다.

성스럽고 신명스런 자가 하늘의 이치를 이어 천하의 법도를 세웠다는 것은 성인이 천하를 통치하던 시대, 즉 가장 완벽한 인격을 갖춘 자가 인간 사회 최고의 지위에 올라 천하를 통치하고 만백성을 보살폈다는 고대의 이상 사회를 말한다. 이들이 보여준 천하 통치의 정신이 바로 도통이며, 이 천하 통치의 정신을 물려준 것이 도통 전승의 시작이라는 말이다.

현재 "윤집궐중允執厥中", 즉 "중도를 잘 견지하라"는 말이 출현하는 곳은《논어》〈요왈堯曰〉편이다. 이는 요왕이 순왕에게 천하 통치의 대권을 물려주면서 한 말로, 천하를 통치할 제왕의 자리를 순에게 물려줄 때가 되었으니, 제왕의 자리에 있으면서 명심해야 할 말을 해준다면 오직 중도를 잘 견지하라는 말일 뿐이라는 것이다. 여기서 중도를 중용의 도로 보고, 성인이 전승한 도통의 핵심은 바로 중용의 도에 있음을 설명하고 있는 것이다.

순왕은 또한 우왕에게 천하 통치의 대권을 물려주었다. 역시 도통의 전승을 의미하는데, 순왕은 우왕에게 대권을 전해주면서 "사람의 마음은 위태롭고 도는 은미하니 오직 정밀하고 한결같이 중도를 잘 견지하라"고 말했다는 것이다. 이는《서경書經》〈대우모大禹謨〉편에 있는 말이다.

요가 순에게 도통을 전하면서 한 말과 순이 우에게 도통을 전하면서 한 말의 주안점은 중용의 도를 굳게 지키는 것에 있다. 따라서 요가 순에게 해준 말 한 마디에 도통의 모든 요체가 담겨 있다고 할 수 있다. 그런데 순이 우에게 천하의 대권을 물려줄 때 '사람의 마음은 위태롭고 도는 은미하니 오직 정밀하고 한결같아야 한다'는 말을 첨가한 이유는 그것이 중용의 도를 굳게 지키기 위한 선결 요건이기 때문이라는 말이다.

中庸何爲而作也? 子思子憂道學之失其傳而作也. 蓋自上古聖神繼天立極,
중용하위이작야 자사자우도학지실기전이작야 개자상고성신계천립극

而道統之傳有自來矣. 其見於經, 則允執厥中者, 堯之所以授舜也
이도통지전유자래의 기견어경 즉윤집궐중자 요지소이수순야

人心惟危, 道心惟微, 惟精惟一, 允執厥中者, 舜之所以授禹也.
인심유위 도심유미 유정유일 윤집궐중자 순지소이수우야

堯之一言, 至矣, 盡矣! 而舜復益之以三言者, 則所以明夫堯之一言,
요지일언 지의 진의 이순부익지이삼언자 즉소이명부요지일언

必如是而後可庶幾也.
필여시이후가서기야

이에 대해 대략 논해 본다. 마음의 허령과 지각은 오직 하나일 뿐이다. 그런데 혹자는 인심人心으로 혹자는 도심道心으로 다르게 나아가는 까닭은 전자는 형기形氣의 사사로움에서 생겨나고 후자는 성명性命의 바름으로부터 근본하여, 지각하게 되는 것이 같지 않기 때문이다. 그러므로 혹은 위태하여 불안하기도 하고, 혹은 은미하여 보이기 어려울 뿐이다. 그러나 사람은 누구나 이 형기形氣가 없는 사람이 없으니, 그러므로 비록 가장 지혜로운 사람이라 해도 인심이 없을 수 없고, 또한 사람은 누구나 이 성명性命이 없는 사람이 없으니, 그러므로 비록 가장 어리석은 사람이라 해도 도심이 없을 수 없다. 두 가지가 좁디 좁은 사람의 마음에 섞여 있어, 이것을 다스릴 줄 모르면 위태로운 것은 더욱 위태로워지고 은미한 것은 더욱 은미해져서, 하늘의 이치의 공평함이 사람 욕심의 사사로움을 끝내 이기지 못하게 된다. 정밀하게 하는 것은 두 가지 사이를 살펴 섞이지 않게 하는 것이요, 한결같이 하는 것은 그 본심의 바른 것을 지켜 떠나지 않게 하는 것이다. 이것에 힘을 써서 잠시라도 끊어짐이 없게 하여, 반드시 도심이 항상 자기 자신의 주체가 되게 하고 인심이 매번 도심의 명을 듣게 하면, 위험한 것은 편안해지고 은미한 것은 공개되어서, 행동거지에서 지나치거나 모자란 것의 잘못이 없게 될 것이다.

중용장구서(中庸章句序)

---

○ 허령虛靈과 지각知覺은 마음의 본질과 작용을 말한 것으로,

허령은 비어 있고 적막한 듯 하지만 만사에 응할 수 있는 신명함이 갖추어진 상태요, 지각은 마음의 본질이 작용하여 만사의 이치를 알게 되는 상태이다. 허령은 공허한 듯하고 지각은 충만한 듯하며, 허령은 내적內的이고 정적靜的이며 지각은 외적外的이고 동적動的이어서, 양자는 다른 것처럼 보이지만 사실은 본체와 작용의 차이일 뿐이요, 근본은 같다는 말이다.

인심人心은 인간의 욕심이 작용하는 마음을 말하고 도심道心은 도가 작용하는 인간 본연의 마음을 말한다. 마음의 허령과 지각이 본시 하나이되 겉으로 드러나는 사람의 마음에 인심과 도심의 차이가 있는 까닭은, 즉 선과 악의 차이가 있는 까닭은 마음의 지각이 혹은 형기形氣, 즉 기질에 근본하고 혹은 성명性命, 즉 본성에 근본하기 때문이라는 말이다.

원래 도심은 은미하여 나타나기 어렵고 깨닫기 어려운데, 기질을 따라 인심이 작용하면 심신이 위태하고 불안한 처지에 놓이게 되며, 그럴수록 도의 본질은 더욱 은미하여 나타나기 어렵게 된다는 말이다.

사람이 사람인 이상 누구나 기질과 본성을 타고나게 마련이다. 즉, 인간적 욕심과 도덕적 본성이 작용할 가능성은 누구에게나 있는 것이다. 따라서 비록 가장 지혜로운 사람이라도 인간적 욕심이 없을 수 없으며 비록 가장 어리석은 사람이라도 도덕적 본성이 없을 수 없다고 말한 것이다.

사람에게는 누구나 인간적 욕심과 도덕적 본성이 잠재해 있어서, 욕심을 이기고 본성을 회복하는 것이 필요하다. 그런데 두 가지는 사방 한 치의 아주 작은 사람의 마음에 섞여 있어 구별하기 힘들 뿐더러, 한 번 길을 잘못 들게 되면 한 치의 차이로 시작된 것이 결국 천 리의 차이가 난다. 그러므로 위태로운 것은 더욱 위태로워지고 은미한 것은 더욱 은미해져서 천리의 공평함이 끝내 사람의 욕심의 사사로움을 이기지 못한다는 것이다.

순왕이 우왕에게 전한 "사람의 마음은 위태롭고 도는 은미하
니 오직 정밀하고 한결같이 중도를 잘 견지하라"는 말은 바로
사람의 욕심을 이기고 도덕적 본성을 회복하는 데 있어서, 즉
중용을 지키는 데 있어서 가장 절실한 방법을 전수해준 것이
라는 말이다. 사방 한 치의 작은 마음에 섞여 있는 인심과 도심
을 정밀하게 살펴 섞이지 않게 하고, 이 마음가짐을 끊임없이
한결같이 지속하며 도심이 잠시라도 떠나지 않게 하는 것이
바로 사람의 도리라는 것이다.

사람의 작은 마음에 섞여 있는 인심과 도심을 정밀하게 살펴 섞
이지 않게 하고, 이 마음가짐을 한결같이 지속하여 반드시 도심
이 항상 자신의 주체가 되게 하고, 인심이 매번 도심의 명을 듣
게 하는 것이 하늘이 부여한 본성을 체득하고 발현하는 길이며
이것이 바로 중용의 도를 실천하는 길임을 밝힌 것이다.

蓋嘗論之 : 心之虛靈知覺,
개상론지 심지허령지각

一而已矣, 而以爲有人心·道心之異者, 則以其或生於形氣之私,
일이이의 이이위유인심 도심지이자 즉이기혹생어형기지사

或原於性命之正, 而所以爲知覺者不同, 是以或危殆而不安,
혹원어성명지정 이소이위지각자부동 시이혹위태이불안

或微妙而難見耳. 然人莫不有是形, 故雖上智不能無人心, 亦莫不有是性,
혹미묘이난견이 연인막불유시형 고수상지불능무인심 역막불유시성

故雖下愚不能無道心. 二者雜於方寸之間, 而不知所以治之, 則危者愈危,
고수하우불능무도심 이자잡어방촌지간 이부지소이치지 즉위자유위

微者愈微, 而天理之公卒無以勝夫人欲之私矣. 精則察夫二者之間而不雜也,
미자유미 이천리지공졸무이승부인욕지사의 정즉찰부이자지간이불잡야

一則守其本心之正而不離也. 從事於斯, 無少間斷, 必使道心常爲一身之主,
일즉수기본심지정이불리야 종사어사 무소간단 필사도심상위일신지주

而人心每聽命焉, 則危者安·微者著, 而動靜云爲自無過不及之差矣.
이인심매청명언 즉위자안 미자저 이동정운위자무과불급지차의

요堯·순舜·우禹는 천하의 위대한 성인이요, 천하의 대권을 전해 주는 것은 천하의 위대한 사업이다. 천하의 위대한 성인으로서 천하의 위대한 사업을 행하여 천하의 대권을 전해줄 때 간절히 말한 것이 위 말에 불과하다. 천하의 도리에 위 말에서 어찌 보탤 것이 있겠는가! 그로부터 이후 성인과 성인이 천하의 대권을 주고받아, 탕왕·문왕·무왕 같은 성인이 천자가 되고, 고요皐陶·이윤伊尹·부열傳說·주공周公·소공召公 같은 현인이 신하가 되었다. 이렇게 모두 도통 전승에 접하였다. 우리 선생님 공자의 경우에는 비록 그만한 지위는 얻지 못했지만, 앞선 성인의 자취를 계승하고 뒤에 올 후학의 길을 열어준 면에서 그 공이 요순보다 오히려 훌륭했다. 그러나 그 당시 직접 보고 배워 알게 된 제자 중 오직 안자顔子와 증자曾子만 정통을 얻었다. 증자가 다시 전승하여 공자의 손자 자사에 이르러서는 성인의 시대와 너무 멀어져서 이단의 학설이 일어났다.

○ 요·순·우로 천하의 대권이 이양된 과정은 어떤 무력 충돌이나 정권 투쟁 없이 오랜 기간 동안 통치 능력 배양과 시험을 거쳐서 이양된 평화적 과정이었기 때문에 후세 군주의 모범과 이상이 되었다. 따라서 그들은 천하의 위대한 성인이요, 그들의 사업은 천하의 위대한 사업이라고 한 것이다.

옛날 천하에서 가장 위대한 성인이 천하의 대권을 전하는 위대한 사업을 행할 때 "중도를 잘 견지하라"거나 "사람의 마음은 위태롭고 도는 은미하니 오직 정밀하고 한결같이 중도를 잘 견지하라"는 몇 마디 말만을 간절하게 해준 것은 천하를 경영하는 모든 이치가 그 안에 담겨 있었기 때문이다. 결국 중용은 모든 이치의 핵심을 이루는 중요하고 근본적인 도라는 말이다.

고요皐陶·이윤伊尹·부열傅說·주공周公·소공召公은 모두 요순시대로부터 주대周代에 이르기까지 성군을 보필했던 현신이다. 성인의 통치가 융성했던 이면에는 성군을 보필했던 현신의 역할 또한 큰 몫을 담당했으니, 공자가 살았던 춘추시대 이전 즉 주나라의 전성기까지는 성인의 통치와 현신의 보필이 상하로 짝을 이루어 도통이 제대로 전승되었다는 것을 말하였다.

성인의 통치와 현신의 보필이 상하로 짝을 이루어 이어졌던 도통 전승의 전통은 춘추 시대에 이르러 중단되었다. 다만 도통 전승의 정신을 계승한 인물이 있었으니, 그가 공자이다. 공자는 천하를 통치할 지위에 오르지 못했고, 따라서 그의 뜻을 받들어 보필할 신하도 얻지 못했으며, 자신의 경륜을 펼칠 만한 높은 관직에도 오르지 못했다. 현실에서 자신의 이상을 펼치지 못했기 때문에 도통의 전승이 끊길 것을 염려한 공자는 후학을 지도하고 고전을 정리하는 일에 전심전력했다. 그래서 비록 성인의 통치와 현신의 보필이라는 이상적 정치 체제는 이어지지 못했지만, 역대 성왕의 통치 정신은 공자로 인하여 후세에 영원히 전해지게 되었다. 이로 인해 앞서간 성인의 자취를 계승하고 뒤에 올 후학의 길을 열어준 점에서 공자의 공이 요순보다 오히려 훌륭했다는 것이다.

안자와 증자란 안회顔回와 증삼曾參을 말한다. 그런데 안회는 요절했으므로 뜻을 펼치고 후학을 기를 여지가 없었다. 따라서 공자의 사상은 증자를 통해 전승되었다. 증자는 공자의 손자 자사에게, 자사는 맹자에게 전했다.

이단의 학설이란 유가 사상을 제외한 기타 제자백가 및 외래 사상 등을 말한다.

---

夫堯·舜·禹, 天下之大聖也. 以天下相傳,
부요 순 우 천하지대성야 이천하상전

天下之大事也. 以天下之大聖, 行天下之大事, 而其授受之際, 丁寧告戒,
천하지대사야 이천하지대성 행천하지대사 이기수수지제 정녕고계

不過如此. 則天下之理, 豈有以加於此哉? 自是以來, 聖聖相承, 若成湯·文·
불과여차 즉천하지리 기유이가어차재 자시이래 성성상승 약성탕 문

武之爲君, 皐陶·伊·傅·周·召之爲臣, 旣皆以此而接夫道統之傳, 若吾夫子,
무지위군 고요 이 부 주 소지위신 기개이차이접부도통지전 약오부자

則雖不得其位, 而所以繼往聖·開來學, 其功反有賢於堯舜者. 然當是時,
즉수부득기위 이소이계왕성 개래학 기공반유현어요순자 연당시시

見而知之者, 惟顏氏·曾氏之傳得其宗. 及曾氏之再傳, 而復得夫子之孫子思,
견이지지자 유안씨 증씨지전득기종 급증씨지재전 이부득부자지손자사

則去聖遠而異端起矣.
즉거성원이이단기의

자사는 세월이 갈수록 도통의 진수를 더욱 잃게 될까 염려하여, 요·순 이래 전해지던 도통의 의미를 미루어 근본으로 삼고, 평소 들었던 조부의 말로 검토하여, 그 의미를 풀고 한데 엮어《중용》이라는 이 책을 편찬하여 학생들을 가르쳤다. 대개 그 근심이 깊었기 때문에 그 말이 절실하고, 그 염려가 넓었기 때문에 그 말이 상세하다. 하늘이 명하고 성性을 따른다는 것은 도심을 말한 것이요, 선을 택하여 굳게 쥔다는 것은 정밀하고 한결같이 하는 것을 말한 것이요, 군자는 때에 맞게 중용을 취한다는 것은 중도를 견지하는 것을 말한 것이다. 요·순 시대로부터 거의 천여 년 이후지만 그 말이 성인의 말과 다름없는 것이 마치 둘로 쪼갠 부절을 맞춘 듯하다. 앞선 성인의 전적을 두루 골라보면, 중요한 요점을 끌어내고 은미한 이치를 열어 보여주는 것을 이 책처럼 분명하고 곡진하게 한 것이 없었다. 그 때부터 또 다시 전승되어 맹자에 이르렀다. 맹자는 이 책을 미루어 밝혀서 앞선 성인의 도통을 계승할 수 있었지만 맹자가 세상을 떠나자 마침내 도통 전승의 계통을 잃게 되었다.

○《중용》을 자사가 저술했는지 여부가 문제가 된다 해도 어떤 형태로든《중용》의 성립에 기여한 자사의 공적은 인정해야 할 것이다.《중용》의 내용이 절실하고 상세하여 누구든지 도통의 의미를 알고 실현할 수 있도록 했음을 말한 것이다.

《중용》의 핵심 내용이라고 할 수 있는 '하늘이 인간에게 부여한 본성을 체득하고 실현하는 것', '하늘이 부여한 본성을 따르는

것', '선을 택하여 굳게 지키는 것', '언제 어디서나 중용의 도를
지키는 것' 등이 성현이 전한 도통과 어떻게 부합되는가를 말했
다. 즉, 요가 순에게 전한 "중도를 잘 견지하라"는 말이나 순이
우에게 전한 "오직 정밀하고 한결같이 중도를 잘 견지하라"는
말은 결국 중용의 도를 전한 것으로 귀착된다는 말이다.

요순 시대로부터 자사가 《중용》을 저술하기에 이르기까지 천
년이 넘는 세월의 차이가 있지만 그들이 제창한 진리는 모두
중용의 도에 있었던 것을 보면 자사가 《중용》을 저술한 동기와
《중용》이라는 책의 가치를 충분히 알 수 있다는 말이다.

공자의 사상은 증자에 의해 자사에게 전해졌고 자사는 이를
다시 맹자에게 전했음을 앞에서 말한 바 있다. 공자·증자·자
사·맹자는 모두 이상과 경륜을 펼칠 수 있는 지위에 오르지는
못했으되 도통의 정신을 계승하고 발전시켜 후세에 전하므로
써 선대의 성왕에 버금가는 공적을 세웠다. 맹자 이후에는 도
통 전승의 정신을 계승하는 것조차 사라졌다는 말이다.

---

子思懼夫愈久而愈失其眞也, 於是推本堯舜以來相傳之意,
자사구부유구이유실기진야 어시추본요순이래상전지의

質以平日所聞父師之言, 更互演繹, 作爲此書, 以詔後之學者.
질이평일소문부사지언 갱호연역 작위차서 이조후지학자

蓋其憂之也深, 故其言之也切. 其慮之也遠, 故其說之也詳. 其曰
개기우지야심 고기언지야절 기려지야원 고기설지야상 기왈

天命率性, 則道心之謂也. 其曰擇善固執, 則精一之謂也. 其曰
천명솔성 즉도심지위야 기왈택선고집 즉정일지위야 기왈

君子時中, 則執中之謂也. 世之相後, 千有餘年, 而其言之不異,
군자시중 즉집중지위야 세지상후 천유여년 이기언지불이

如合符節. 歷選前聖之書, 所以提挈綱維·開示蘊奧, 未有若是之明且盡者也.
여합부절 역선전성지서 소이제설강유 개시온오 미유약시지명차진자야

自是而又再傳以得孟氏, 爲能推明是書, 以承先聖之統,
자시이우재전이득맹씨 위능추명시서 이승선성지통

及其沒而遂失其傳焉.
급기몰이수실기전언

그리하여 우리 도가 의탁하는 곳은 언어와 문자를 벗어나지 못하면서 이단의 학설이 나날이 다달이 새롭고 왕성해져서, 도가道家와 불가佛家의 무리가 출현하자 진리에 더욱 가까워진 듯했지만 진리를 크게 어지럽히게 되었다. 그러나 다행스럽게도 아직은 이 책이 사라지지 않았다. 그러므로 정씨 선생님 형제가 출현하여 이것을 고찰함으로써 천 년 동안 전해지지 않던 도통의 실마리를 잇고, 이것에 의거함으로써 도가·불가 두 학파의 사이비 이론을 배척할 수 있게 되었다. 자사의 공적이 이로써 위대해지게 되었거니와, 정씨 선생님 형제가 아니었다면 또한 그 말을 통하여 그 마음을 체득하지 못했을 것이다. 애석하게도 그들이 해설한 원전은 전해지지 않고, 석씨石氏가 여러 설을 모아놓은 것이 가까스로 그 문인의 기록에서 출현했다. 그러므로 대의는 비록 밝혀졌지만 미언은 아직 분석되지 않았고, 문하의 사람이 스스로 해설한 것을 보면 비록 매우 상세하고 곡진하게 의미를 밝힌 것이 많이 있긴 하지만, 그 스승의 설을 저버리고 도가와 불가의 학설에 빠진 부분 역시 있었다.

○ 맹자 이후 도통을 이었다고 할 수 있는 인물이 출현하지 않았다. 이에 따라 성현이 전했던 도통의 정신이 선양되지 않고 그들의 언행은 단지 책의 기록으로 남아 있게 되었다. 도가 의탁한 곳이 언어와 문자를 벗어나지 못했다는 것은 이를 말한 것이다. 또한 한대漢代 이후 당대唐代에 이르기까지 도가 사상과 불가 사상이 널리 퍼지게 되었다. 이단의 학설이 나날이 다달이 새롭고 왕성해졌다는 것은 이를 말한 것이다. 모든 사상이 추구하는 목표가 도의 체득과 실현에 있었으며 단지 추구하는 도의 개념과 방향이 달랐기 때문에 진리에 더욱 가까워진 듯 하면서 진리를 크게 어지럽히게 되었다고 한 것이다. 주희는 유가 사상을 지향하는 입장에서 위와 같이 말했지만, 사실 도가와 불가의 사상 역시 각자의 철학적 깊이와 넓이가 있음을 인정해야 한다.

유가 사상이 도가와 불가의 융성으로 인해 빛을 못 보다가 새로운 중흥의 시기를 맞이하게 된 것은 송대에 와서이며, 여기에 선도적 역할을 한 인물이 이정二程 형제와 주희이다. 주희는 《중용》이 인멸되지 않고 전해짐으로써 유가 사상의 부흥이 가능하게 되었다고 말했는데, 실제로 《중용》은 《대학》과 더불어 깊이와 넓이에 있어서 유가 사상의 정수를 담았다고 할 수 있다.

《대학》의 서문에서와 마찬가지로 송대 성리학의 기초를 마련한 정명도程明道·정이천程伊川 형제의 업적을 칭송한 말이다. 《중용》은 《대학》보다는 좀 더 일찍 세인의 주목을 받고 애독된 책이었지만, 그 가치가 높이 선양되고 체계 있게 정리된 계기는 역시 이정二程 형제에 의해서이다.

이정 형제 중 정이천이 《중용》에 관한 책을 저술했다고 하지만 전해지지 않는다. 석씨石氏는 석돈石墩을 말한다. 《중용》에 관한 제가의 학설을 모았다고 한다. 주희가 《중용장구中庸章句》

를 저술하게 된 직접적 동기를 밝히고 있다. 멀리로는 맹자 이
후 단절된 도통 전승의 전통을 계승하기 위함이며, 가까이는
이정二程 형제 및 그들의 제자 또는 석돈의 해설에 미진한 것
이 많다고 판단했기 때문이다.

---

則吾道之所寄不越乎言語文字之間,
즉오도지소기불월호언어문자지간

而異端之說日新月盛, 以至於老佛之徒出, 則彌近理而大亂眞矣.
이이단지설일신월성 이지어노불지도출 즉미근리이대란진의

然而尙幸此書之不泯, 故程夫子兄弟者出, 得有所考, 以續夫千載不傳之緖.
연이상행차서지불민 고정부자형제자출 득유소고 이속부천재부전지서

得有所據, 以斥夫二家似是之非. 蓋子思之功於是爲大, 而微程夫子,
득유소거 이척부이가사시지비 개자사지공어시위대 이미정부자

則亦莫能因其語而得其心也. 惜乎! 其所以爲說者不傳, 而凡石氏之所輯录,
즉역막능인기어이득기심야 석호 기소이위설자부전 이범석씨지소집록

僅出於其門人之所記, 是以大義雖明, 而微言未析. 至其門人所自爲說,
근출어기문인지소기 시이대의수명 이미언미석 지기문인소자위설

則雖頗詳盡而多所發明, 然倍其師說而淫於老佛者, 亦有之矣.
즉수파상진이다소발명 연배기사설이음어노불자 역유지의

내가 일찌감치 읽어보았는데 의심 가는 바가 있어, 깊이 잠겨 이리저리 생각해본 것이 또한 여러 해였다. 어느 날 문득 요체를 훤히 터득한 듯했다. 그런 후에 감히 여러 설을 모아 절충하여 《중용장구中庸章句》 한 편을 저술하여 훗날의 군자를 기다리기로 했다. 아울러 뜻을 같이 하는 한두 사람과 다시 석씨의 책을 구하여 번잡하고 어지러운 부분을 없애서 《중용집략中庸輯略》이라고 하였다. 또한 일찍이 토론을 통해 취사선택했던 뜻을 기록하여 별도로 《중용혹문中庸或問》이라고 이름 하여 그 뒤에 첨부하였다. 그러자 이 책의 내용이 가지가 나뉘고 마디가 풀리듯 단락이 분명하게 되고 앞뒤 맥락이 서로 통하게 되었으며, 상세한 곳과 간략한 곳이 서로 연관을 맺게 되고 거대한 것과 미세한 것이 모두 들춰지게 되었다. 여러 설의 같고 다른 점과 득실이 또한 조리가 분명하게 널리 통하여 그 뜻하는 바가 각각 극진히 밝혀졌다. 비록 도통의 전승에 대해서는 감히 함부로 논의할 수 없지만, 다만 처음 공부하는 자가 혹시 여기서 얻는 바가 있으면 또한 멀고 높은 경지에 도달하는 데 한 가닥 도움은 될 수 있기를 바랄 뿐이다.

순희 기유 년 봄 삼월 무신 일에 신안 출신 주희는 서를 쓰노라.

○ 주희는《대학장구大學章句》서문을 송대 효종孝宗 순희淳熙 16년(1189) 2월에 썼고,《중용장구中庸章句》서문을 같은 해 3월에 썼다. 나이 60세 때였다.

저술에 착수한 때가 30대 후반이었다고 전하므로, 20년이 훨씬 넘는 세월이 흘러서 서문을 썼으며, 이후 운명 직전까지도 교정과 보충을 하려고 했다고 한다. 이들 저술에 쏟은 심혈을 짐작할 수 있다.

주희가《중용》을 연구하여 펴낸 저술은 세 편이다. 그 중《중용장구中庸章句》는 주희의《중용》연구를 대변하는 저술이다. 또 하나는《중용집략中庸輯略》이다. 제가의 학설을 모았다는 석씨의 저술 중 번잡하고 필요 없는 내용을 삭제하고 정리한 것으로,《중용》연구 모음집이라고 하겠다.

또 하나는《중용혹문中庸或問》이다. 제자 및 학자들과《중용》의 내용 중 의심이 가거나 논란이 될 만한 부분에 대해 문답하고 토론한 것을 기록했다.

《중용장구》·《중용집략》·《중용혹문》등이 완성됨으로써《중용》의 의의와 가치가 비로소 제대로 빛을 보게 되었음을 언급한 것으로,《중용》에 들인 주희의 공과 자신감을 피력했다. 실제로 주희의 이런 공로로 인하여《중용》을 비롯한 여러 고전의 의의와 가치가 재조명되었다.

멀고 높은 경지에 도달하는 데 한 가닥 도움이 되기를 바랄 뿐이라는 말은《중용》본문의 "군자의 도는 비유하면 먼 길을 갈 때 반드시 가까이서 시작하는 것과 같으며, 비유하면 높은 곳에 올라갈 때 반드시 낮은 곳에서 출발하는 것과 같다"는 말에 근거한 말로, 맹자 이래로 단절된 도통의 전승에 기여하고자 한 주희의 강한 의지를 엿볼 수 있다.

순희淳熙는 송대 효종孝宗의 연호이다. 순희 기유己酉는 순희

16년으로, 서기 1189년이며, 이 때 주희의 나이 60세였다.

---

熹自蚤歲卽嘗受讀而竊疑之, 沈潛反復, 蓋亦有年,
희자조세즉상수독이절의지 침잠반복 개역유년

一旦恍然似有以得其要領者, 然後乃敢會衆說而折其中, 旣爲定著章句一篇,
일단황연사유이득기요령자 연후내감회중설이절기중 기위정저장구일편

以俟後之君子. 而一二同志復取石氏書, 刪其繁亂, 名以輯略,
이사후지군자 이일이동지부취석씨서 산기번란 명이집략

且記所嘗論辯取舍之意, 別爲或問, 以附其後. 然後此書之旨, 支分節解·
차기소상론변취사지의 별위혹문 이부기후 연후차서지지 지분절해

脈絡貫通·詳略相因·巨細畢擧, 而凡諸說之同異得失, 亦得以曲暢旁通,
맥락관통 상략상인 거세필거 이범제설지동이득실 역득이곡창방통

而各極其趣. 雖於道統之傳, 不敢妄議, 然初學之士, 或有取焉,
이각극기취 수어도통지전 불감망의 연초학지사 혹유취언

則亦庶乎行遠升高之一助云爾.
즉역서호행원승고지일조운이

淳熙己酉春三月戊申, 新安朱熹序.
순희기유춘삼월무신 신안주희서

처음 읽는 대학·중용

# 성性, 도道, 교敎란 무엇인가

## 01

하늘이 명하여 사람에게 부여된 것을 성性이라고 하며, 성性을
따르는 것을 도道라고 하며, 도道를 마름질하는 것을 교敎라고
한다.

○ 《중용》은 유가 사상의 정수가 담겨 있는 책이다. 유가 사상
의 철학적 해석을 시도하여, 우주론과 인간관을 집약하고 있
기 때문이다. 예나 지금이나 동서양을 막론하고 그 철학적 깊
이와 가치가 인정되어 널리 애독되고 있다. 그 내용은 성선性善
을 바탕으로 하여 천인합일天人合一을 추구할 것과 중용을 통
해 도道·성誠·성聖을 달성하는 것을 목표로 한다. 따라서 《중
용》은 먼저 하늘과 사람의 관계를 규명하는 것으로 시작하고
있다.

하늘이 명하여 사람에게 부여된 것이란 사람이 날 때부터 지
니고 있는 본연의 바탕을 말하며, 이것을 성性이라고 한다. 《대
학》에서도 명확히 드러나듯이 유가 사상은 사람이 날 때부터
지니고 있는 본연의 바탕은 선하다는 의식에서 출발한다. 이
것은 절대적 신에게 의지하거나 복종하는 것을 부정하고 인간
사회의 모든 문제를 인간에게 돌리려고 하는 인간 본위요, 인
간 중심의 사상이다.

성선을 최초로 체계화한 이는 맹자孟子로, 인仁·의義·예禮·지
智를 중심으로 성선의 이론을 체계화했다. 즉, 맹자는 사람은
누구나 인仁·의義·예禮·지智의 바탕을 타고났기 때문에 이를
발현 확충하는 것이 인간의 도리라고 주장했다. 따라서 맹자
는 사람들이 찾지 않아서일 뿐 자신에게서 찾기만 하면 언제
어디서든 인仁·의義·예禮·지智를 찾을 수 있다고 누차 강조했

다. 또한 모든 것이 다 자신에게 갖추어져 있다고 하여, 인간은 결함과 약점을 지닌 나약한 존재가 아니라 모든 가치를 실현할 능력과 책임이 있음을 긍정했다. 하늘이 명하여 사람에게 부여했다고 하면, 사람은 하늘의 속성을 그대로 자신에게 부여받아 하늘과 일치될 수 있는 자질과 능력을 갖추었다는 말이다.

따라서 인간은 신에게 의지하고 구원을 구하기 이전에 자기 성찰을 통하여 하늘과 일치될 수 있는 자질과 능력을 갖춘 하나의 주체로 존재하는 자신의 가치를 깨달아야 하는 것이다. 나아가 하늘과 하나가 되도록 노력하고 정진하는 것이 참다운 사람의 모습으로, 그러기 위해서는 하늘로부터 부여받은 본연의 성을 발현하고 확충해야 한다. 사람이 하늘과 하나가 되기 위해 걸어야 할 길이 바로 그 본연의 성을 따르는 것이요, 이것이 바로 도道이다.

도道는 한 마디로 인간이 걸어야 할 길이다. 부모에 효도하고 자식을 사랑하며, 형제가 우애 있고 가정이 화목하며, 이웃을 사랑하고 만인을 사랑함이 모두 도이다. 즉, 사람이 세상을 살아가면서 언제 어디서든 크고 작은 무슨 일을 하든 반드시 따라야 할 도리와 이치가 곧 도이다. 그런데 도는 외부에서 얻어지는 것이 아니라 자기에게 갖추어져 있으니, 바로 하늘이 부여한 본연의 성을 따르는 것이다. 그러므로 맹자는 모든 것이 다 내게 갖추어져 있다고 했으며 공자는 자기 자신에게 구하라고 했다.

'수도지위교脩道之謂教'에서 '수脩'는 일반적인 '닦는다'거나 '수양한다'는 뜻과는 차이가 있다. 주희朱熹는 이를 '품절品節한다'로 해설했고, 또한 어떤 이는 '재제裁制한다'로 해설하기도 했다. 사람이 언제 어디서든 크고 작은 무슨 일을 하든 반드시 따라야 할 도리와 이치가 도라고 앞에서 말하였는데, 이 도를 하나하나의 교훈·예절·법칙·제도 등으로 구체화시켜 사람마다 각자 실천하도록 지도하고 계발하는 것이 도를 마름질하는 것이다. 본연의 성性을 따르는 것이 도이긴 하지만, 사람마다 이를 깨우치고 발현하는 것에 차이가 있기 때문에 먼저 깨우친 성인聖人이 나중에 깨우칠 범인凡人을 이끌기 위하여 도를 마름질하는 것이다. 따라서 교敎는 사람에게 원래 없었던 것을 억지로 주입시키는 것이 아니라 저마다 지니고 있는 하늘이 부여한 본연의 성을 깨달아 발현하도록 이끄는 것이다.

처음 읽는 대학·중용

天命之謂性, 率性之謂道, 脩道之謂敎.
천명지위성 솔성지위도 수도지위교

도道라는 것은 잠시라도 떠날 수 없으니, 떠날 수 있으면 도道가 아니다. 그러므로 군자는 남들에게 보이지 않는 것에 더욱 경계하고 신중하며, 남들에게 들리지 않는 것에 더욱 두려워한다.

○ 성性을 따르는 것, 즉 인간이 날 때부터 하늘로부터 부여받은 본연의 성을 따르는 것이 도이다. 도는 바로 인간이 가야 할 길이요, 언제 어디서나 무엇을 하든 도가 없는 곳이 없다. 즉, 도를 떠날 수 없다기보다 차라리 떠날래야 떠나지지 않는다고 해야 할 것이다.

도를 떠날 수 없다고 했음에도 불구하고, 사람들은 도를 떠난 듯하고 도에서 벗어난 듯 보이는 것은 왜인가? 이는 도가 인욕人欲에 의해 가려졌기 때문이다. 천리天理, 즉 성선性善이 인간에게 부여된 이성적 측면을 말하는 것이라면 인욕은 인간에게 내재된 동물적 속성 같은 것을 말한다. 어차피 동물인 이상 인간에게는 누구나 천리와 더불어 인욕이 내재되어 있다. 다만 정도의 차이가 있을 뿐이다. 따라서 인욕을 버리고 천리가 발현되면 도를 얻고, 인욕이 천리를 억누르면 도를 잃게 된다. 천리가 발현되느냐 인욕이 기승하느냐 갈림길은 남들에게 보이지 않고 들리지 않는 은미한 곳, 즉 자기 자신만의 내부 세계에서 결정된다. 따라서 군자는 남들에게 보이지 않고 들리지 않는 것에 신중히 하고 두려워하는 것이다.

道也者, 不可須臾離也, 可離, 非道也. 是故, 君子戒愼乎其所不睹,
도야자 불가수유리야 가리 비도야 시고 군자계신호기소부도

恐懼乎其所不聞.
공구호기소불문

제1장 성(性), 도(道), 교(敎)란 무엇인가

어두운 곳보다 잘 드러나는 곳은 없고, 미세한 것보다 잘 나타나는 것은 없다. 그러므로 군자는 홀로 있을 때를 가장 조심한다.

○ 어두운 곳은 앞서 말한 보이지 않는 자기 내부의 세계를 말하며 미세한 것은 들리지 않는 자기 내부의 상념을 말한다. 이것들은 겉으로 나타나기 이전에는 남들이 알 수 없기 때문에 어두운 곳이요, 미세한 것이다. 그러나 자기 자신으로 볼 때는 이보다 잘 드러나고 잘 나타나는 것이 없다. 즉, 자기 내부에서 일어나는 갖가지 상념들이 천리에 의한 것인가 인욕에 의한 것인가, 또는 선한 것인가 악한 것인가는 자기 자신이 가장 잘 알 수 있다는 것이다. 따라서 군자는 홀로 있을 때를 조심해야 하며, 이는 결국 자기 자신을 속이지 않는 것이다. 모든 악행은 자기 자신을 속이는 것으로부터 시작되며, 자기가 잘못된 길로 나아가게 되면 어느 누구보다도 자기 자신이 가장 먼저, 그리고 훤히 알 수 있는 것이다. 그런 의미에서 《중용》에서의 신독愼獨은 《대학》에서의 성의誠意, 즉 자신의 의지를 성실히 다지는 것과 일맥상통한다.

처음 읽는 대학·중용

莫見乎隱, 莫顯乎微, 故君子愼其獨也.
막현호은 막현호미 고군자신기독야

# 04

기쁘고 노하고 슬프고 즐거운 감정이 일어나지 않는 상태를 '중'
이라고 하며, 일어나되 모두 절도에 맞는 것을 '화'라고 한다.
'중'은 천하의 커다란 근본이요, '화'는 천하의 언제 어디서나 통
하는 도이다.

○ 희로애락의 감정이 일어나지 않은 상태는 순수한 본연의
성性의 상태를 말하는 것으로, 이를 중中이라고 했다. 이는 '무
無'나 '공空'을 의미하는 것이 아니라 모든 것이 안에 질서가 있
음을 의미하는 것이다. 또한 중은 치우치거나 기대지 않은 상
태, 또는 지나치지도 모자라지도 않은 것을 말한다. 사람의 본
성은 원래 어느 한 곳에 집착되거나 구애됨이 없이 지극히 바
르고 원만한 상태에 있다는 것이다.

순수한 본연의 성性의 상태에서 내부나 외부로부터 어떤 자극
을 접하여 반응하는 것이 기쁨·노함·슬픔·즐거움 등을 비롯
한 그 외 갖가지 감정으로, 이를 정情이라고 한다. 여기서는 인
간의 감정을 단지 희로애락 네 가지로 국한한 것은 아니며, 개
략하여 말한 것이다. 사람은 대체로 무념·무상·무욕·무정의
상태에 있는 것이 아니라, 어떤 요인에 자극받아서 갖가지 정
情이 피어나는 상태에 있다.

그런데 본성이 중中이기 때문에, 즉 치우치지도 모자라지도 않
으며 모든 이치를 담은 바르고 원만한 상태이기 때문에 온갖
정情이 일어나되 절도에 맞을 수 있다. 이를 화和라고 한다. 절
도는 행위 주체가 놓여 있는 그 시간 그 장소에서 마주친 대상
에 대하여 반응하는 가장 타당한 준칙이요 법도이다. 그 준칙
에 지나침도 모자람도 없이 딱 들어맞는 것이 바로 화和이다.

그 준칙은 나를 비롯한 만인에게 내재되어 있는 것으로, 희로애락의 감정이 피어났으되 모두 절도에 맞는 것은 바로 성성을 따르는 것이다. 즉, 누구나 타고났기 때문에 애초에 내재되어 있는 본연의 성이 외부로 실현된 것이다.

중은 모든 이치가 그 안에 갖추어져 있어 이로 말미암아 천하의 모든 이치가 나오기 때문에 천하의 근본이라고 했다. 화和는 언제 어디서나 가장 타당한 준칙이기 때문에 달도達道, 즉 천하의 언제 어디서나 통하는 도라고 했다.

처음 읽는 대학·중용

喜怒哀樂之未發, 謂之中. 發而皆中節, 謂之和. 中也者, 天下之大本也.
회로애락지미발 위지중 발이개중절 위지화 중야자 천하지대본야

和也者, 天下之達道也.
화야자 천하지달도야

# 05

중中과 화和의 덕을 지극히 하면, 하늘과 대지가 제자리를 잡게 되고, 세상의 만물이 길러진다.

---

○ 중中은 인성人性의 정적靜的인 모습이요, 화和는 인성의 동적動的인 모습이다. 다르게 말하면 중은 체體이고 화는 용用이다. 중은 본체, 즉 근본이요, 화는 운용, 즉 발현의 뜻으로, 양자는 둘이 아니라 원래 하나이다. 중화中和는 세계를 질서지우는 조화의 기틀이다.

이는 원래 하늘로부터 부여받은 것을 발현하고 확충하는 것이다. 따라서 중화는 생성과 양육의 원리와 통한다. 만물이 생성되고 자라나는 것은 조화의 원리에 의한 것이다. 작게는 아주 작은 미생물부터 크게는 드넓은 우주에 이르기까지, 자연 현상과 모든 만물이 조화의 원리에 의해 나타나기도 하고 변화하기도 하고 소멸하기도 하는 것이다.

누구는 성性과 정情이라고 하고, 누구는 이理와 기氣라고도 하고, 누구는 정靜과 동動이라고 하고, 누구는 체體와 용用이라고 하고, 또한 누구는 음陰과 양陽이라고도 하지만, 모두 하늘의 이치가 만물에 미치어 조화를 이루며 발현되고 확충되는 것을 일컫는 것이다.

천지 만물을 조화의 원리로 파악하고 있기 때문에 인간은 하늘로부터 부여받은 성性을 자각하고 확충함으로써 궁극적으로 하늘이 하는 작업에 참여할 수 있다고 보았다. 인간의 경우로 미루어 보자면, 인간이 낳고 죽는 것도 조화의 산물이며, 이 세계에서 살아가는 것 또한 조화의 산물이다.

쉽게 말하자면, 이 세계는 가정이며, 나라이며, 천하이다. 이 세계를 이루고 있는 각 개체, 즉 가족·국민·인류가 각자 그 안에서 조화를 이룰 때 세계가 이루어지고 유지 발전된다. 이것이 세상 만물이 길러지는 한 단면이다.

致中和, 天地位焉, 萬物育焉.
치중화 천지위언 만물육언

# 제2장

# 군자와 소인의 중용에 대하여

공자가 말했다.

"군자는 중용을 몸소 실행하며, 소인은 중용을 어긴다. 군자가 몸소 중용을 실행한다는 것은 군자로서 늘 때에 맞추어 중中에 처한다는 것이며, 소인이 중용을 어긴다는 것은 소인으로서 거리낌이 없다는 것이다."

---

○ 《중용》에서 중용이라는 단어가 처음으로 나온 부분이다. 앞에서 말했던 중화中和도 결국 중용의 일단이다. 예로부터 중용의 의미에 대한 논의가 무수히 있었고 그 말들이 또한 실로 복잡다단하여 일일이 열거하기 어려울 지경이다. 그러나 중용의 의미는 사실 간단하다. 단지 그 의미 해석의 시각과 실천 방법에 대한 견해 차이로 인해 무수하고 복잡다단한 논의를 낳았던 것이다.

주희朱熹의 정의를 빌면, 중용은 치우치거나 기대지 않고 지나침도 모자람도 없는 평상의 이치이다. 혹자는 용庸을 바뀌지 않는 것으로 보기도 한다. 그럴 경우 중용은 치우치거나 기대지 않고 지나침도 모자람도 없는 바뀌지 않는 이치이다. 모두 맞는 말이다. 사실 중용의 핵심은 중中에 있으며, 용庸은 중의 평상성, 또는 항상성을 말한 것이다. 즉, 중이 갖는 최고의 가치를 발견하고 이를 윤리적 사상적으로 체계화시킨 것이 중용 사상이다.

중의 가치 역시 앞서 중화中和를 논하면서 충분히 언급되었다. 중국에서 중용 사상이 성립된 것은 아주 오래 전이며, 시대와 학파를 막론하고 그 근저를 흐르는 사상이 중용 사상이라고 해도 과언이 아니다. 그런데 중용의 의미는 위에 말한 주희의 설명에다 그 외 다른 학자들의 한두 마디를 보충하면 충분하다. 문제는 중용의 실천이다. 즉, 어떻게 하여 중용의 덕을 올바르게 실현하는가 하는 것이 문제이다. 그 첫마디로 군자는 중용을 몸소 실행하고 소인은 중용을 어긴다고 말했다.

중용은 의미보다 실천이 어려운 것이다. 그런데 군자가 몸소 실행하는 중용은 시중時中이라고 했다. 주희는 시중을 '수시처중隨時處中' 즉 '때에 맞추어 중中에 처한다'로 풀었다. 여기서 중은 '지당至當한 것' 즉 지극히 타당한 것 또는 '지선至善의 것' 즉 지극히 최선의 것을 말한다.

이는 또한 《대학》에서 말한 '지어지선止於至善'에서의 지선至善과 연관되어 있다. 양자는 모두 만사만물의 이치에서 타당함의 극치를 일컫는 것으로 볼 수 있기 때문이다. 따라서 시중은 '언제 어디서나 가장 최선의 가장 타당한 입장을 취하는 것'이다.

그런데 중中은 일정하지 않다는 것에 시중時中의 어려움이 있다. 어느 한 경우에 가장 타당했던 것이 다른 경우에도 가장 타당하리라고 볼 수 없으며, 어느 한 시간 또는 장소에서 가장 타당했던 것이 다른 시간 또는 장소에서도 가장 타당하리라고 볼 수 없다. 중은 시간과 공간에 따라 또한 마주치는 사물에 따라 항상 다르기 때문이다.

이를테면 한 도시의 중심이 시청이라고 할 때 그 시청이 나라의 중심은 아니며, 한 나라의 중심이 수도라고 할 때 그 수도가 세계의 중심은 아닌 것과 같다. 그러나 이는 단지 물리적 현상을 예로 든 것일 뿐 나아가 사람의 사회 활동을 놓고 보면 시중의 중요성과 복잡성을 알 수 있다.

보통의 경우 남자가 모르는 여자의 손을 함부로 잡는 것은 옳지 못한 일이다. 그러나 우물가를 지나가는데 어느 여자가 우물에 빠져 허우적거리면서 살려 달라고 울부짖고 있다면 어떻게 해야 하는가? 모르는 여자의 손을 잡는 것은 옳지 못한 일이라고 하여 그냥 지나쳐야 하는가, 아니면 즉시 손을 뻗어 여자를 구해내야 하는가? 이 경우에 어떻게 해야 할지를 모르는 사람은 아무도 없을 것이다. 즉시 손을 뻗어 여자의 손을 잡고 구해내는 것이 옳은 일이다. 따라서 중용에서는 권權과 변變을 중시한다.

권權은 상常의 상대요, 변變은 통通의 상대로, 매사를 처리함에 있어 가장 당연하고 정당하고 합당한 방향을 찾아 가는 것이다. 다시 말하면 권과 변은 고집固執하지 않는 것이다. 고집이란 이치의 어느 일단을 알게 되자 그것이 전부인 양 그것이 최고인 양 굳게 지키며 변하는 상황에 대처하지 못하는 것이다. 위의 예를 가지고 말하면, 모르는 여자와 손을 잡는 것은 옳지 못한 일이라는 것을 절대불변의 원칙이라고 믿고 우물에 빠진 여자를 구해주지 않고 지나치는 것이 고집으로, 권과 변을 모르고 시중時中을 못하는 것이다. 군자는 바로 중中이 근본임을 알고 권과 변을 알아 시중時中할 줄 아는 사람이다.

소인은 거리낌이 없다는 것은 무슨 말인가? 앞에서 중이 근본이요, 중의 체득과 실현을 위해서는 권과 변을 통해 시중時中할 줄 알아야 한다고 했다. 소인은 거리낌이 없다는 것은 소인은 오로지 권과 변을 능사로 삼을 뿐 중이 근본임을 알지 못한다는 것이다. 시간과 장소에 따라, 어떤 상황에서든 가장 적절한 최선의 방향을 찾는 것이 시중時中임을 앞에서 말했거니와 소인은 이와 달리 자기의 욕망과 이익에 따라 시시각각 제멋대로 변한다는 것이다. 변화와 융통이 필요하되 그것은 어디까지나 중의 바탕 위에, 즉 치우치거나 기대지 않고 지나침도 모자람도 없는 바탕 위에 이루어져야 한다. 소인의 변화와 융통은 자신의 이익에 치우친 것이며 자신의 욕망이 지나친 것이다. 그래서 얼핏 보면 시중時中인 것 같지만 사실은 중용에 역행하는 것이다.

---

仲尼曰: 君子中庸, 小人反中庸. 君子之中庸也, 君子而時中. 小人之中庸也,
중니왈 군자중용 소인반중용 군자지중용야 군자이시중 소인지중용야

小人而無忌憚也.
소인이무기탄야

# 제3장

# 중용을 행할 수 있는 자는 누구인가

공자가 말했다. "중용의 덕은 지극하도다. 이를 제대로 행할 수 있는 사람 드물게 된 지가 오래되었도다."

○ 공자가 중용의 덕을 찬미하고 중용이 실천되지 않는 것을 한탄하여 한 말이다. 같은 말이 《논어論語》〈옹야雍也〉 편에도 나온다. 중용은 지선至善의 경지이며 사람이 누구나 도달해야 하는 덕의 극치이다.

공자가 이 말을 했던 당시는 춘추 시대 말기로, 사회의 혼란과 분열이 깊어지던 시기였다. 몸소 중용을 보여 지선의 경지에 머물렀던 성왕, 즉 요堯·순舜이나 우禹·탕湯·문文·무武의 시대로부터 갈수록 멀어지고 세상은 자꾸만 혼란으로 치달아, 아래로 일반 사람으로부터 위로 제후에 이르기까지 이익과 욕망을 추구하고 중용에 역행하는 것을 탄식했다.

子曰: 中庸其至矣乎! 民鮮能久矣!
자왈 중용기지의호 민선능구의

# 제4장

# 중용은
# 가까운 곳에 있다

01

공자가 말했다. "도가 행해지지 않는 까닭을 내가 알겠도다. 지혜로운 자는 지나치며 어리석은 자는 미치지 못하기 때문이다. 도가 밝혀지지 않는 까닭을 내가 알겠도다. 현명한 자는 지나치며 모자란 자는 미치지 못하기 때문이다. 사람이 누구나 먹고 마시기는 하지만 맛을 제대로 아는 사람은 드물다."

○ 중용의 용庸에 평상平常이라는 뜻이 있는 것에서 보아도 중용은 원대한 곳에 있는 것이 아니라 일상 가까운 곳 어디에나 있다. 우리가 늘 마주치고 처리하는 일상의 만사에 바탕하고 있는 것이다. 그런데 지혜로운 자는 너무 지혜를 믿고 추구하는 까닭에 그저 고매하고 원대한 곳에서 중용을 찾으려고 한다. 실제로 우리는 사고와 이론에 치우친 나머지 현상과 실천을 등한히 여기는 경우를 많이 본다. 중용은 그렇게 먼 것이 아니요, 우리 주위 일상 어디서나 쉽게 찾을 수 있는 것이다. 반면에 어리석은 자는 그야말로 어리석기 때문에 중용의 소재도 가치도 당위도 깨닫지 못한다. 따라서 지혜로운 자는 너무 지나친 까닭에 어리석은 자는 너무 모르는 까닭에 중용의 도가 행해지기 어려운 것이다.

172
처음 읽는 대학·중용

子曰:道之不行也, 我知之矣, 知者過之, 愚者不及也. 道之不明也, 我知之矣,
자왈 도지불행야 아지지의 지자과지 우자불급야 도지불명야 아지지의

賢者過之, 不肖者不及也. 人莫不飲食也, 鮮能知味也.
현자과지 불초자불급야 인막불음식야 선능지미야

# 제5장

# 지나치거나 모자라지 않는 중용의 덕

## 01

공자가 말했다.

"도가 진정 행해지지 않는구나."

---

○ 앞에서 공자는 중용의 도를 제대로 실천할 줄 아는 사람이 드물게 된 지가 오래임을 탄식했고, 여기서도 중용의 도가 행해지지 않음을 탄식한다. 또한 《논어》에도 도가 행해지지 않음을 탄식한 공자의 말이 실려 있다. 잘난 자는 너무 지나치고 못난 자는 너무 모자라서 중용을 실천하지 못하여 혼란으로만 치닫는 세상을 탄식했다.

---

처음 읽는 대학·중용

子曰: 道其不行矣夫!
자왈 도기불행의부

# 제6장

# 순舜의 지혜

공자가 말했다. "순은 진정 큰 지혜를 지녔던 분이다. 순은 묻기를 좋아하셨고, 아주 비근한 말도 살피기를 좋아하셨고, 나쁜 점은 덮어주고 좋은 점은 선양하셨으며, 매사에 양 극단을 파악하여 그 중간을 백성에게 적용하셨으니, 이것이 바로 그가 순이 되게 한 이유이다."

○ 순舜은 요堯의 뒤를 이었다고 하는 전설상의 성왕聖王이다. 생모가 일찍 죽고 완고한 아버지와 미련한 계모 밑에서 온갖 학대를 받으면서도 항상 온화한 얼굴로 효도를 다하여, 그의 평판이 세상에 알려지고 사람들이 모두 그를 따르자 요堯가 발탁하여 28년 동안 정치를 맡겼고, 이후 제위를 물려주었다고 한다.

순은 요에 의해 발탁되기 전에 밭 갈고, 질그릇 굽고, 고기 잡는 일을 하면서도 밝은 덕을 지녀서 항상 온화하고, 공손하고, 믿음 있고, 성실했다. 요를 도와 정치할 때에도 위와 같은 품성과 행실은 변하지 않아, 백성에게 해악을 끼치는 악의 무리를 몰아내고, 현명하고 지혜로운 인재를 등용했다. 요가 죽고 나서 순은 요의 아들이 제위를 이어받게 하기 위해 멀리 피신했지만 천하의 제후들이 요의 아들을 따르지 않고 오직 순을 따르고자 했으므로 할 수 없이 제위에 올랐다고 한다.

공자는 순을 지혜의 으뜸으로 칭송했다. 앞에서 지혜로운 자의 폐단은 평상과 실천을 무시하고 너무 고매한 곳에서 중용을 찾으려고 함에 있음을 말했거니와, 순은 가까운 곳에서 중용을 찾고 몸소 실천한 자로서 진정한 지혜의 인물임을 칭송한 것이다. 그 이유로 우선 순은 자신의 지혜에 자만하여 독단과 독선에 흐르지 않고 항상 묻기를 좋아한 것을 들었다. 아무리 지혜롭다고 해도 천하의 이치를 모두 알 수 없으니, 항상 겸손하게 묻고 또 물어 끊임없이 지혜를 넓히는 것이 참다운 지혜임을 내세운 것이다. 공자는 아랫사람에게 묻는 것을 부끄러워하지 말라고 하였으니, 하물며 묻는 것을 좋아하는 것이야말로 참다운 지혜로 나아가는 길이다.

다음은 비근한 말도 살피기 좋아함을 들었다. 진리는 결코 높고 깊고 심오한 곳에 있지 않고 길 가는 사람이나 농부 목동의 얘기 속에서도 찾을 수 있음을 말한 것이다. 우리가 살아가는 바로 이 자리를 떠나서 얻는 지혜는 참다운 지혜가 아니다. 비근한 말을 살피기 좋아했다 함은 한편으로 남의 충고를 잘 받아들였다는 뜻으로, 또한 통치자로서는 여론의 소재를 잘 살폈다는 뜻으로 볼 수 있다.

다음은 나쁜 점은 덮어주고 좋은 점은 선양함을 들었다. 이는 약점을 감싸고 장점을 고양시킨다는 말로, 사람을 면려하고 향상시키고자 할 때 이보다 훌륭한 방법은 없다. 반대로 남의 약점을 들춰내고 장점을 시기하고 질투하는 것이 개인의 불화와 사회의 혼란을 가져오는 것을 생각하면, 평범하면서도 얻기 힘든 참다운 지혜의 모습임을 알 수 있다.

양 극단을 파악하여 그 중간을 적용했다 함은 통치자의 입장에서 이해가 상충되어 분쟁이 일어나는 소지를 파악하여 양자 모두 만족할 수 있는 정치를 행했다는 말이다.

子曰:舜其大知也與! 舜好問而好察邇言, 隱惡而揚善, 執其兩端,
자왈 순기대지야여 순호문이호찰이언 은악이양선 집기양단

用其中於民, 其斯以爲舜乎!
용기중어민 기사이위순호

# 중용을 지키고
# 실천하는 힘

## 01

공자가 말했다. "사람들은 모두 '나는 지혜롭다'고 하지만 덫이나 함정에 몰아넣어도 피할 줄 아는 사람이 없고, 사람들은 모두 '나는 지혜롭다'고 하지만 중용을 선택하여 한 달을 지켜낼 수 있는 사람이 없다."

---

○ 스스로 지혜롭다고 생각한다는 것은 이미 자신을 남달리 보고 있다는 것으로, 자신은 남보다 우월하며 남은 자신보다 못하다고 생각하고 있는 것이다. 그러므로 매사에 자신의 생각이 최고이며 최선이라고 여겨 독선과 독단으로 흐르기 쉽다. 독선과 독단이 가져오는 폐해는 심각하다. 한 가정에서 가장이 독선과 독단에 빠짐으로써 가정의 파탄을 불러오기도 하며, 한 회사에서 사장이 독선과 독단에 빠짐으로써 회사를 망치고 사원을 궁지에 빠뜨리기도 하며, 한 나라의 통치자가 독선과 독단에 빠짐으로써 독재를 낳는다. 그러므로 자신의 지혜를 과신하는 것은 결국 그물·덫·함정 속에 빠져드는 것과 다를 바가 없다.

또한 자신이 지혜롭다고 생각하는 자들도 중용을 택하여 한 달을 제대로 지키지 못한다고 했다. 자신이 지혜로우면 중용이 무엇이며 어떤 길이 중용의 길인지 모를 리 없을 것이되, 끝까지 지키고 실천하기는 힘들다. 중용은 실천이 어려운 것이다.

---

子曰: 人皆曰予知, 驅而納諸罟擭陷阱之中, 而莫之知辟也. 人皆曰予知,
자왈 인개왈여지 구이납저고획함정지중 이막지지피야 인개왈여지

擇乎中庸而不能期月守也.
택호중용이불능기월수야

# 제8장

# 중용을 간직한
# 안회顔回

공자가 말했다. "회回의 사람됨은 중용을 택하여 한 가지 선을 얻으면 잃지 않고 꼭꼭 가슴에 간직했다."

---

○ 회回는 공자의 제자 안회顏回이다. 공자의 제자 중 가장 촉망받던 제자였음에도 불구하고 일찍 세상을 떠났다. 공자는 안회에 대해 "그 마음이 석 달을 인仁에 어긋나지 않으며, 그 나머지 또한 나날이 나아갈 뿐"이라고 했고, 또한 "안회의 덕행은 거의 도道에 가깝다"고 하였으며, 안회가 죽었을 때 "하늘이 나를 죽였구나! 하늘이 나를 죽였구나!"라고 하며 통곡했다고 한다. 또한 안회는 빈천한 처지에도 불구하고 즐거운 마음으로 도를 행하여 인仁의 덕을 깨닫고 실천한 인물로 평가된다. 그 방법은 멀고 어려운 데 있지 않고, 중용을 택하여 한 가지 선을 얻으면 가슴에 간직하여 잃지 않음에 있는 것이다.

---

子曰: 回之爲人也, 擇乎中庸, 得一善, 則拳拳服膺而弗失之矣.
자왈 회지위인야 택호중용 득일선 즉권권복응이불실지의

# 제9장

# 한순간도
# 떠날 수 없는 마음

공자가 말했다. "천하와 국가는 평정하여 다스릴 수 있으며, 작위와 봉록은 사양할 수 있으며, 시퍼런 칼날은 밟을 수 있으나, 중용은 할 수 없느니라."

---

○ 제아무리 유능하고 정치를 잘 한다고 해도 한 나라를 다스리는 일만큼 어려운 일은 없을 것이요, 제아무리 청렴결백하다 해도 작위와 봉록을 사양하는 일만큼 어려운 일은 없을 것이요, 제아무리 용감하다 해도 날이 시퍼렇게 선 칼날을 밟는 것만큼 어려운 일은 없을 것이다. 그러나 이런 일들은 오직 그 한 가지에만 집착하여 전심전력하면 능히 해낼 수 있다.

중용은 언제 어디서나 무슨 일에 처하든 최선의 바른길을 찾는 것에 있다. 공자는 한 끼 밥을 먹는 사이에도 엎어지고 자빠지는 순간에도 인에 어긋남이 있어서는 안 된다고 했거니와, 중용의 실천도 마찬가지이다. 이와 같이 한 순간도 어길 수 없는 중용의 도에 비하면 나라를 다스리고 작위와 봉록을 사양하고 칼날을 밟는 일은 오히려 쉬운 것이다. 이는 중용은 어려워서 아무나 할 수 없다는 말이 아니라 그만큼 중용은 잠시도 떠날 수 없는 최선의 길임을 강조한 말이다.

子曰: 天下國家可均也, 爵祿可辭也, 白刃可蹈也, 中庸不可能也.
자왈 천하국가가균야 작록가사야 백인가도야 중용불가능야

# 제10장

# 강인함에 대하여

# 01

자로子路가 강함에 대해서 물었다. 공자가 말했다. "남방 사람의 강함을 물은 것이냐, 북방 사람의 강함을 물은 것이냐, 아니면 너의 강함을 물은 것이냐? 관대하고 부드럽게 가르치고 남이 무도하게 대해도 보복하지 않는 것은 남방 사람의 강함이니, 군자는 이를 택한다. 창칼과 갑옷을 깔고 누워 죽음도 마다하지 않는 것은 북방 사람의 강함이니, 억세고 힘있는 사람은 이를 택한다. 그러므로 군자는 세상 모든 것과 어울리되 자신의 주체를 흘려버리지는 않으니, 강하도다. 중도中道를 확립하여 어느 쪽에도 치우치지 않으니, 강하도다. 나라에 도道가 행해져 입신영달해도 어려웠던 시절 품은 뜻을 변치 않으니, 강하도다. 나라에 도道가 행해지지 않아 일생 곤궁해도 죽을 때까지 지조를 변치 않으니, 강하도다."

---

○ 자로는 공자의 우수한 제자 중 한 사람으로, 이름은 중유仲由이다. 공자의 제자 중 가장 용기 있고 의리에 찬 인물로 알려져 있다. 자신의 잘못을 반성하고 고치는 데 결단과 용기가 있음을 공자가 칭찬할 정도로 용기를 좋아했으므로, 강함에 대하여 공자에게 물은 것이다.

공자의 말투는 힐난조를 띠고 있다. 자로는 자신이 다른 누구보다 용기와 강함에 자신 있다고 여겨 용기와 강함의 진정한 뜻을 알고 더욱 확충하기 위해 공자에게 물은 것에 반해, 공자는 자로가 평소 강함을 너무 좋아하는 반면 지혜와 어짊은 부족하다고 생각하여 균형을 취하여 중용의 길을 가도록 하기

처음 읽는 대학·중용

위해 힐난한 것이다. 남방과 북방을 말한 것은 일단 비근한 예를 들어서 기후와 풍토에 따른 사람들의 기질의 차이를 말함으로써 중용의 이해와 설득을 돕기 위한 것일 뿐 실제 남방 또는 북방의 좋고 나쁨을 평가하기 위한 것은 아니다. 사람은 기후와 풍토에 따라 기질의 차이는 있을지라도 하늘이 부여한 성선의 근본과 자질은 같은 것이다.

남방은 기후가 따뜻하고 물산이 풍부하니, 이런 기후와 풍토에서 자란 사람들은 기질 역시 따뜻하고 여유 있다. 반면에 이것이 지나쳐서 나태하고 우유부단하기 쉽다. 그러나 군자는 굳이 둘 중 하나를 택한다면 남방의 강함을 택한다는 말이다. 이는 공자가 자로를 훈계하기 위해 하는 말이다.

북방은 기후가 거칠고 물산이 적으니, 이런 기후와 풍토에서 자란 사람들은 기질 역시 거칠고 억세며 용맹하고 강직하다. 따라서 억세고 힘 있는 사람들은 북방의 강함을 택하는 것이다. 사실 용맹함과 강직함이 용기 있는 자의 진정한 모습이지만 지나치면 포악함과 잔인함에 빠지기 쉽기 때문에 공자는 자로가 이를 조심하게 하기 위해 훈계한 것이다. 이어 공자는 진정한 강함을 네 가지로 들고 있다.

첫째는 화이불류和而不流, 즉 세상 모든 것과 어울리되 자신의 주체를 흘려버리지 않는 것이 진정한 강함이라고 했다. 즉, 세속과 어울려 융화하되 자신의 주체를 잃지 않는다는 것이다. 세속에 어울려 같이 울고 웃으면서 고락을 같이 하되 자신의 주체를 끝까지 잃지 않는 것이 강한 군자의 모습이다. 세속의 문제를 회피하고 혼자 초월하는 것은 오히려 쉬우며, 내가 도를 얻으면 남도 선을 실현하게 하여 모두 지선의 경지로 나아가도록 힘써야 하는 군자의 사명과도 거리가 먼 것이다.

둘째는 중용의 도를 확립하여 어느 한 쪽에도 치우치지 않는 것이 군자의 강함이라고 했다. 중용의 강함은 어디에 있는가?

항상 가장 바르고 타당한 길을 찾는 것이 중용으로, 치우치지 않으므로 흔들리지 않고, 불의를 보면 주저없이 항거하고 과실을 범했으면 즉시 바로잡기 때문이다.

셋째는 나라에 도가 행해져 입신영달해도 어려웠던 시절 품은 뜻이 변치 않는 것이 군자의 강함이라고 했다. 이는 사실 지극히 당연하면서도 지극히 어려운 일이다. 누구보다 고생하여 성공한 사람이 전과 같이 고생하는 사람들의 입장을 더 이해하지 못하는 경우가 많기 때문이다.

넷째는 도가 행해지지 않아 일생 동안 곤궁해도 죽을 때까지 지조가 변하지 않는 것이 군자의 강함이라고 했다. 어설프게 닦은 능력을 가지고 자신이 등용되지 않는 것을 한탄하고, 곤궁한 처지를 견디지 못하여 금전에 지조를 파는 경우를 두고 하는 말이다.

이상 네 가지가 진정 강함의 모습이다. 공자는 강함과 용기에 자신을 가지고 있는 자로에게 북방의 강함보다는 남방의 강함을, 남방의 강함보다는 군자의 강함을 지니도록 가르친 것이다.

子路問强. 子曰: 南方之强與? 北方之强與? 抑而强與? 寬柔以敎, 不報無道,
자로문강 자왈 남방지강여 북방지강여 억이강여 관유이교 불보무도

南方之强也, 君子居之. 袵金革, 死而不厭, 北方之强也, 而强者居之.
남방지강야 군자거지 임금혁 사이불염 북방지강야 이강자거지

故君子和而不流, 强哉矯! 中立而不倚, 强哉矯! 國有道, 不變塞焉, 强哉矯!
고군자화이불류 강재교 중립이불의 강재교 국유도 불변색언 강재교

國無道, 至死不變, 强哉矯!
국무도 지사불변 강재교

# 제11장

# 내면을
# 성실히 다지는 일

공자가 말했다.

"특이한 것을 탐색하고 괴이한 짓을 일삼으면 후세에 떠받드는 자가 있을지 모르겠지만, 나는 하지 않겠다. 군자라는 사람이 도道를 따라 행하다가 중간에 그만두는 경우가 있지만, 나는 그만 둘 수 없다. 군자는 중용에 의지하여 행동하며 세상을 피해 살아 알아주는 이 없어도 후회하지 않으니, 오직 성스러운 사람만 그럴 수 있다."

---

○ 중용의 도는 일상적이고 가까운 데서 찾을 수 있음을 누차 말한 바 있다. 특이한 것을 탐색하거나 괴이한 짓을 일삼는다는 것은 남다른 행동과 기묘한 기술로 이목을 끌고 찬사를 받으려고 하는 따위를 말한다.

이런 것은 그 특이함이나 기발함으로 쉽게 사람들의 주목을 받는다. 이로 인해 세간의 주목과 칭찬을 받고 따르는 사람이 많게 될지라도, 사람이 살아가는 데에는 사실 아무 도움이 안 되고 오히려 해만 끼칠 뿐이다. 그래서 공자는 그런 짓을 행하여 이름을 얻느니 묵묵히 참다운 인간의 삶을 살고자 했던 것이다.

중용은 특이한 행동과 괴이한 짓으로 남의 주목과 칭찬을 끌려는 것이 아니요, 저마다 자신이 태어난 본연의 의미를 깨달아 묵묵히 확충하고 실현해 나가는 것이다.

여기에는 남이 나를 알아주기를 바라는 것이 있을 수 없고, 남이 나를 몰라준다는 원망이 있을 수 없다. 따라서 후회도 있을 수 없다. 중용의 길은 인간의 길로, 어떤 대가나 보상을 바라고 가는 것도 아니요, 어떤 목표를 이루기 위한 수단으로 가는 것도 아니요, 그 길을 가는 것 자체에 만족과 가치가 있기 때문이다. 그래서 공자는 또한 남이 나를 알아주지 않아도 탓하지 않는 것이 진정한 군자의 모습이라고 했다.

子曰: 素隱行怪, 後世有述焉, 吾弗爲之矣. 君子遵道而行, 半塗而廢,
자왈 소은행괴 후세유술언 오불위지의 군자준도이행 반도이폐

吾弗能已矣. 君子依乎中庸, 遯世不見知而不悔, 唯聖者能之.
오불능이의 군자의호중용 둔세불견지이불회 유성자능지

# 제12장

# 광대하면서도 은미한
# 군자의 도道

군자의 도道는 광대하면서도 은미하다. 어리석은 보통 남녀도 알 수 있는 것이 있으되, 그 지극한 것에 이르러서는 비록 성인 聖人이라도 알지 못하는 것이 있다. 어리석은 보통 남녀도 행할 수 있는 것이 있으되, 그 지극한 것에 이르러서는 비록 성인이라도 행하지 못하는 것이 있다. 하늘과 땅이 그토록 커도 사람은 오히려 부족하게 여기는 것이 있으니, 그러므로 군자의 도는 그 크기를 말하자면 천하도 이를 다 실을 수 없고, 그 작기를 말하자면 천하도 이를 더 쪼갤 수 없다. 《시경》의 시에서 "솔개는 하늘로 날아오르고, 물고기는 연못에서 뛰어오르네"라고 하였으니, 이는 위로는 높은 하늘로부터 아래로는 깊은 연못에 이르기까지 중용의 도가 드러남을 말한 것이다. 군자의 도는 보통 남녀로부터 단서가 이루어져, 그 지극한 경지에 이르러서는 천지에 드러난다.

○ 군자의 도는 중용의 도를 말한다. 중용의 도는 세상 만물이 존재하는 원리이며 사람이 세상을 살아가는 도리이다. 따라서 작게는 아주 작은 미생물로부터 크게는 넓고 넓은 우주에 이르기까지 중용의 도가 미치지 않는 곳이 없으니, 그 쓰임이 광대하다고 말한 것이다. 그러나 그 도의 작용에 이르면 천지도 미처 담지 못하고 성인도 미처 알지 못하는 것이 있으므로, 또한 은미하다고 말한 것이다.

부부夫婦란 굳이 결혼한 남녀를 가리키는 말이 아니라 보통 남녀를 가리키는 말로, 필부필부匹夫匹婦란 뜻이니, 성인聖人과 상대적인 말이다. 어리석은 보통 남녀도 알 수 있다는 말은 중용의 도란 우리가 늘 밥 먹고 잠 자는 사이에도 존재하는 것이어서, 그 알기 쉬운 측면으로 말하자면, 제대로 아는 것이 없는 보통 사람이라 할지라도 누구나 알 수 있다는 말이다. 그러나 그 알기 힘든 측면으로 말하자면 천지와 우주의 운행이 모두 중용의 원리여서, 비록 성인이라 할지라도 그 원리의 모든 것을 알 수 없다는 말이다.

천지는 만물을 덮고 싣는 것이어서, 그 운행은 중용의 도가 극치에 달한 경우이다. 그런데 때로는 홍수가 나고 때로는 가뭄이 들고, 때로는 너무 덥고 때로는 너무 춥고, 때로는 폭풍이 불고 때로는 폭우가 쏟아지는 등 천지의 운행도 만족스럽지 않다고 여겨지는 바가 있으니, 중용의 도는 그 크기로 말하면 세상의 만물을 모두 싣는 천하도 실을 수 없을 만큼 광대하면서도, 그 작기로 말하면 천하가 싣고 있는 어떤 작은 것보다도 작아서 더 이상 쪼갤 수 없을 만큼 은미하다는 말이다.

《시경》 대아大雅 〈한록旱麓〉 편의 시다. 만물이 각자 자기 위치에서 약동하는 생명의 모습을 형용한 것으로, 이는 중용의 도가 천지에 가득 차서 위로는 높고 높은 하늘에 이르기까지 아래로는 깊고 깊은 연못에 이르기까지 드러남을 묘사한 말이다. 즉, 솔개는 연못에서 뛰어오르지 않고 물고기는 하늘로 날아오르지 않으면서, 각자 부여받은 본성을 따라 약동하는 생명을 누리는 것이야말로 중용의 도가 드러나는 것임을 말한 것이다. 인간을 비롯한 천지 만물이 각자 부여받은 본성에 따라 삶을 영위하는 것을 통해 중용의 도가 드러난다는 말이다.

君子之道費而隱. 夫婦之愚, 可以與知焉, 及其至也, 雖聖人亦有所不知焉.
군자지도비이은 부부지우 가이여지언 급기지야 수성인역유소부지언

夫婦之不肖, 可以能行焉, 及其至也, 雖聖人亦有所不能焉.
부부지불초 가이능행언 급기지야 수성인역유소불능언

天地之大也, 人猶有所憾. 故君子語大, 天下莫能載焉 語小, 天下莫能破焉.
천지지대야 인유유소감 고군자어대 천하막능재언 어소 천하막능파언

詩云: "鳶飛戾天, 魚躍于淵."
시운 연비려천 어약우연

言其上下察也. 君子之道, 造端乎夫婦 及其至也, 察乎天地.
언기상하찰야 군자지도 조단호부부 급기지야 찰호천지

# 제13장

# 도道는
# 가까이에 있다

공자가 말했다.

"도는 사람에게서 멀지 않으니, 사람이 도를 행한다고 하면서 사람과 멀리서 찾는다면 도를 이룰 수 없다. 《시경》의 시에서 '도끼자루 찍어보세 도끼자루 찍어보세, 그 법칙은 멀지 않네'라고 했다. 도끼자루를 손에 쥐고 도끼자루를 찍어 만드는데, 눈을 흘겨 쳐다보며 도끼자루 만드는 방법이 멀리 있다고 여긴다. 그러므로 군자는 사람의 도로 사람을 다스리며, 고쳐지면 거기서 그친다. 충忠과 서恕의 덕목은 도와 그리 떨어지지 않았으니, 누가 내게 해주기를 원하지 않는 것이라면 남에게도 역시 해주려고 하지 말라. 군자의 도는 네 가지가 있는데, 나는 한 가지도 제대로 하지 못한다. 자식에게 바라는 바로써 부모 섬기는 것을 제대로 하지 못하고, 신하에게 바라는 바로써 임금 섬기는 것을 제대로 하지 못하고, 아우에게 바라는 바로써 형을 섬기는 것을 제대로 하지 못하고, 친구에게 바라는 바로써 먼저 해주는 것을 제대로 하지 못한다. 평상의 덕을 행하는 것에 힘쓰며 평상의 말을 신중히 하거늘, 실행에 옮긴 것이 말로 한 것보다 모자라면 감히 힘쓰지 않을 수 없고, 말이 실행에 옮길 것보다 남으면 감히 할 말을 다 하지 않으면서, 말은 행실을 돌아보고 행실은 말을 돌아보니, 군자는 어찌 성실하지 않을 수 있겠는가."

○《중용》 첫머리에서 하늘이 부여한 본성을 따르는 것이 도라고 말한 바 있다. 따라서 사람이면 사람에서 도를 찾을 것이며, 물이면 물에서 도를 찾을 것이며, 나무이면 나무에서 도를 찾아야 한다. 사람이 살아갈 도를 사람이 아닌 다른 무슨 원대하고 높은 곳에서 찾으려 하면 절대 찾을 수 없다는 말이다. 도는 오직 자신에게 있다.

《시경》 빈풍豳風 〈벌가伐柯〉 편의 시다. 나무를 찍어 도끼자루를 만들 때 만들 도끼자루의 표본은 바로 지금 손에 들고 있는 도끼의 자루라는 말이다. 도는 먼 데 있지 않고 가까운 데 있음을 깨닫지 못하고 헛되이 먼 데서만 찾으려는 어리석음을 지적한 시이다.

사람을 다스린다는 것은 내가 도를 알고 행할 수 있게 되면 다른 사람도 도를 알고 행할 수 있게 하는 것을 말한다. 도는 나만 가지고 있는 것이 아니요, 도의 근원인 성性은 나와 만인이 함께 가지고 있는 것이어서, 나의 도는 곧 만인의 도요 만인의 도는 곧 나의 도이다. 그러므로 사람을 다스리는 법도도 나와 만인이 함께 가지는 도에서 찾을 수 있는 것이지 사람을 떠난 그 어디에서도 찾을 수 있는 것이 아니다. 이렇게 하여 다른 사람이 일단 도를 알고 행할 수 있게 되면 그 스스로 확충하고 발현하게 될 것이니 거기서 그치면 될 것이요, 다시 가르치고 이끌려고 애쓸 필요가 없다는 말이다.

한 마디로 말하자면, 충忠은 진기지심盡己之心 즉 자기의 정성을 다하는 마음이요, 서恕는 추기급인推己及人 즉 자신을 미루어 남에게 미치는 실천이다. 둘은 별개의 것이 아니라 하나이다. 충이 발현되어 나타나는 것이 서요 서의 근본이 충이니, 충은 체體 즉 본체요, 서는 용用 즉 작용이다.

《논어》에서 공자가 증자曾子에게 "나의 도는 하나로 꿰뚫는다"고 하자 증자가 제자들에게 "선생님의 도는 충서일 뿐이다"라고 하여, 공자의 도를 하나로 아우르면 바로 충서임을 말한 바 있다.

충서에도 소극적인 것이 있고 적극적인 것이 있다. 나에게 베풀어지기 원하지 않는 것을 남에게도 베풀지 않는 것은 소극적인 측면이요, 나에게 베풀어지기 원하는 것을 남에게도 베푸는 것은 적극적인 측면이다.

군자의 도는 충서의 도로, 이는 곧 인仁의 도를 말한다. 공자는 네 가지라고 말했으나, 이는 네 가지가 전부라는 뜻이 아니라, 사람에게 가장 기본적이며 가깝고 가장 일상적이고 평범한 인간관계에서 충서의 도는 시작되고 완성됨을 의미한다.

부자·군신·형제·친구 관계는 인간이 살아감에 누구나 가지는 인간관계로, 가장 기초적이면서 중요하다. 여기서 실현된 충서의 도를 넓혀 나가면 적용되지 않을 곳이 없다. 가깝게는 자식에게 바라는 바로 부모를 섬기면 부모에게 바라는 바로 자식을 돌볼 것이요, 아우에게 바라는 바로 형을 섬기면 형에게 바라는 바로 아우를 돌볼 것이다. 이렇게 하여 천하의 모든 사람과 사물을 접해 나가면 충서의 도가 적용되지 않을 곳이 없는 것이다. 이것이 나아가 자신이 서고자 하면 남도 서게 하고 자신이 이르고자 하면 남도 이르게 해주어 충서의 적극적인 완성으로 귀착되는 것이다. 이는 나와 남이 둘이 아니라 하나라는 것을 깨닫는 것으로, 충서의 완성이요, 중용의 극치이다. 따라서 가장 기본적이면서도 중요하여 쉬운 듯 하면서도 사실은 어려운 것이어서, 공자는 하나도 제대로 하지 못하리라고 말한 것이다.

끝으로 군자는 항상 언행일치에 힘써야 함을 말한 것이다. 말을 신중히 한다는 것은 말을 함부로 하지 않는다는 것으로, 이는 말을 하지 못해서가 아니라 말에 따른 실천의 책임이 막중하기 때문에 항상 말을 조심하고 삼가야 한다는 것이다. 실천이 뒤따르지 않는 말은 말로서의 의의를 상실한 것이기 때문이다. 따라서 공자도 말재주가 있는 것보다 행동에 민첩하기를 원한다고 했으며, 심지어 어눌한 것은 인仁에 가깝다고까지 말하기도 했다.

---

子曰: 道不遠人. 人之爲道而遠人, 不可以爲道. 詩云:
자왈 도불원인 인지위도이원인 불가이위도 시운

"伐柯伐柯, 其則不遠." 執柯以伐柯, 睨而視之, 猶以爲遠. 故君子以人治人,
벌가벌가 기칙불원 집가이벌가 예이시지 유이위원 고군자이인치인

改而止. 忠恕違道不遠, 施諸己而不願, 亦勿施於人. 君子之道四,
개이지 충서위도불원 시저기이불원 역물시어인 군자지도사

丘未能一焉. 所求乎子, 以事父未能也. 所求乎臣, 以事君未能也. 所求乎弟,
구미능일언 소구호자 이사부미능야 소구호신 이사군미능야 소구호제

以事兄未能也. 所求乎朋友, 先施之未能也. 庸德之行, 庸言之謹, 有所不足,
이사형미능야 소구호붕우 선시지미능야 용덕지행 용언지근 유소부족

不敢不勉, 有餘不敢盡, 言顧行, 行顧言, 君子胡不慥慥爾!
불감불면 유여불감진 언고행 행고언 군자호불조조이

제14장

# 분수에 맞게 처신하는
# 군자의 길

# 01

군자는 자신이 처한 처지와 분수에 따라 처신하고 행동하며, 그이외의 것은 바라지 않는다. 부귀에 처해서는 부귀한 처지에 마땅한 처신을 하고, 빈천에 처해서는 빈천한 처지에 마땅한 처신을 하고, 이적의 입장에 처해서는 이적의 입장에 마땅한 처신을 하고, 환난의 지경에 처해서는 환난의 지경에 마땅한 처신을 하니, 군자는 어떤 처지이든 그 처지에 들어가 스스로 바른길을 얻지 못하는 경우가 없다. 윗자리에 있으면 아랫사람을 업신여기지 않고, 아랫자리에 있으면 윗사람을 끌어당겨 아첨하지 않고, 자기 자신을 바로잡고 모든 것을 남에게서 구하지 않으면 원망하는 일이 없으리니, 위로는 하늘을 원망하지 않으며 아래로는 사람을 탓하지 않는다. 그러므로 군자는 늘 평탄함에 처신하며 천명을 기다리고, 소인은 위험함에 처신하며 요행을 바란다. 공자가 말했다. "활쏘기가 군자의 처신과 유사한 점이 있다. 과녁의 정곡을 맞추지 못하면, 돌이켜 그 자신으로부터 원인을 찾는다."

○ 부귀·빈천·이적·환난 등 어떤 처지에 있더라도 그에 합당한 바른길을 찾아 행하는 군자의 자득自得을 말했다. 부귀를 손에 넣고도 만족할 줄 모른 채 끝없이 탐욕을 부리고 또한 남들을 업신여기거나, 빈천에 처해서도 노력할 줄 모른 채 자신의 처지를 원망하고 또한 요행을 바라서 일확천금을 노리거나, 그 외 자신의 처지를 자각하지 않고 허황된 것을 추구하고 괴이한 것을 찾는 모든 것이 자득과는 거리가 먼 것이니, 심신

이 편안할 수 없음은 물론이요 심지어 자신을 망치기까지 한다. 위와 같이 어떤 처지에 있든 삶의 본분을 깨달아 그것을 충실히 실현하려 노력하는 군자의 경지를 또한 달관達觀이라고 한다. 따라서 달관의 경지는 자기를 떠난 어느 다른 곳에서도 찾아지는 것이 아니며, 그러므로 자득한다고 하는 것이다.

지위 고하를 막론하고 남에게 기대를 걸지 않고 자신이 처한 자리에서 자신의 바른길을 찾는 것이 군자의 참모습이다. 아랫사람을 이끄는 것이 뜻대로 되지 않거나, 윗사람을 섬기는 것에 부족함이 있거나, 사랑으로 남을 대하되 친해지지 않는다면 남을 탓할 것이 아니라 자신을 돌이켜 자신에게 부족함이 있었는가를 반성해야 한다는 것이다. 하늘을 원망하지 않는다는 것은 모든 것을 운명의 탓에 돌리지 않고 오히려 자신의 지혜와 정성이 부족했는지 반성해야 한다는 말이며, 사람을 탓하지 않는다는 것은 남이 나의 정성을 몰라준다고 탓할 것이 아니라 나의 정성이 부족했음을 반성해야 한다는 말이다. 하늘을 원망함은 애초에 운명에 맡겨 요행을 기대했기 때문이요, 사람을 탓함은 애초에 남에게 구할 뿐 자신을 돌이켜 반성하지 않았기 때문이다.

평탄과 위험은 외적 환경 조건을 말하는 것이 아니라 사람의 마음 자세를 말한다. 군자가 평탄하게 처신한다 하는 것은 어떤 처지에 처해서도 자만하거나 원망하지 않고 그 처지에 처해진 뜻을 깨달아 편안한 마음으로 자신의 할 일을 다한다는 것이요, 소인이 위험함에 처신한다 하는 것은 소인이 부귀에 처하면 자신이 잘난 까닭이라 여기며 자만하고 빈천에 처하면 운명의 탓이니 타인의 탓이니 하며 원망하고 한탄하여 자신의 부족함을 반성할 줄 모른다는 말이다. 따라서 군자는 부귀니 빈천이니 하는 외적 조건은 오직 주어지는 대로 받아들일 뿐 어떤 처지에서도 자신의 할 일을 다하는 것이요, 소인은 자신

제14장 분수에 맞게 처신하는 군자의 길

의 정성은 다하지 않고 오직 요행으로 부귀나 공명이 굴러 들어오길 바라는 것이다.

활쏘기 시합을 군자의 처신에 비유했다. 활쏘기에서 내가 졌으면 내가 진 원인은 상대방이 활을 잘 쏘아서가 아니라 내가 활을 잘 쏘지 못했기 때문이라는 것을 인정해야 하듯이 군자는 모든 것에 자신의 정성을 다하는 것을 최우선으로 삼아야 한다는 말이다. 비단 활쏘기 뿐만이 아닐 것이다. 언제 어디서 무슨 일을 하든 남이 나를 앞서고 내가 남보다 뒤떨어졌다 하여 남을 탓하는 것은 군자의 도리가 아니며, 이보다 더 어리석은 것은 없다. 남이 나를 앞섰으면 그만한 노력과 정성을 오히려 칭찬할 일이요, 나도 그와 같이 되도록 노력과 정성을 아끼지 않는 것이 사람의 진정한 도리이다.

처음 읽는 대학·중용

君子素其位而行, 不願乎其外. 素富貴, 行乎富貴. 素貧賤,
군자소기위이행 불원호기외 소부귀 행호부귀 소빈천

行乎貧賤. 素夷狄, 行乎夷狄. 素患難, 行乎患難. 君子無入而不自得焉.
행호빈천 소이적 행호이적 소환난 행호환난 군자무입이불자득언

在上位不陵下, 在下位不援上, 正己而不求於人則無怨. 上不怨天, 下不尤人.
재상위불릉하 재하위불원상 정기이불구어인즉무원 상불원천 하불우인

故君子居易以俟命, 小人行險以徼幸.
고군자거이이사명 소인행험이요행

子曰: "射有似乎君子. 失諸正鵠, 反求諸其身."
자왈 사유사호군자 실저정곡 반구저기신

# 제15장

# 가까운 곳부터
# 시작하라

군자의 도는 비유하자면 멀리 가려고 할 경우 반드시 가까운 곳으로부터 시작하는 것과 같으며, 비유하자면 높은 곳에 올라가려고 할 경우 반드시 낮은 곳으로부터 출발하는 것과 같다.

《시경》의 시에서 "처자들 잘 어울리네, 금과 슬을 연주하듯. 형제 서로 화목하네, 즐겁고도 즐거워라. 너의 집안 잘 꾸리고, 너의 처자 기쁨 주길"이라고 했다. 공자는 이 시를 듣고 "부모는 즐겁고 편안하시리라"라고 했다.

---

○ 앞서 중용의 도는 그 크기로 말하면 천지도 실을 수 없고 성인도 잘 알지 못할 바가 있음을 얘기했다. 그러나 언제나 아주 낮고 가까운 것에서 시작하는 것임을 알아야 한다. 이는 마치 먼 길을 갈 때는 가까운 곳에서 시작하고 높은 곳에 올라갈 때는 낮은 곳에서 출발하는 것과 같다는 말이다. 사람이 한 달음에 멀리 갈 수 있는 자가 어디 있겠으며, 한 도약에 높이 뛸 수 있는 자가 어디 있겠는가?

《시경》 소아小雅 〈당에棠棣〉 편의 시다. 한 가정의 형제 처자가 화목하고 즐겁게 어울리는 모습을 읊었다. 인간 사회를 놓고 보면, 도를 깨우치고 실천하는 가장 낮고 가까운 출발점은 가정 윤리이다.

가정에서 부모를 공경하고 형제를 사랑하면 밖에 나가서도 어른을 공경하고 벗들을 사랑하게 될 것이요, 이것이 나아가 천하에 퍼짐으로써 군자의 도가 이룩된다.《대학》에서 집안의 질서가 바로잡혀야만 사회의 안녕과 화평도 이룩될 수 있음을 역설한 것과 같은 맥락이다.

공자는 위의 시를 읊고 "이처럼 형제와 처자가 다같이 화목한 가정의 부모는 마음이 즐겁고 편안하리"라고 평하였다. 군자의 도의 첫걸음은 가정의 화목에 있음을 강조한 것이다.

君子之道, 辟如行遠必自邇, 辟如登高必自卑.
군자지도 비여행원필자이 비여등고필자비

詩曰: "妻子好合, 如鼓瑟琴. 兄弟旣翕, 和樂且耽. 宜爾室家, 樂爾妻帑."
시왈  처자호합 여고슬금 형제기흡 화락차탐 의이실가 락이처탕

子曰: "父母其順矣乎!"
자왈  부모기순의호

# 성대한 음양의 조화

공자가 말했다.

"귀신의 덕은 참으로 성대하구나! 보려고 해도 보이지 않고, 들으려고 해도 들리지 않으나, 만물에 깃들어 있어 없는 곳이 없구나. 천하 사람들이 정결히 재계하고 복장을 다 갖추어 제사를 받들게 하는구나. 넘실넘실 마치 위에 있는 듯, 마치 좌우에 있는 듯하도다. 《시경》의 시에서 '신의 강림 예측 못해, 소홀할 수 있으리오'라고 하였으니, 이는 은미한 것이 뚜렷이 드러나고 성(誠)을 가릴 수 없음이 이와 같음을 말한 것이다.

---

○ 귀신은 음양의 조화이다. 추위가 가면 더위가 오고, 해가 지면 달이 뜨고, 비가 오고 바람 불고, 눈이 오고 서리 오는 등 모든 자연 현상이 귀신의 조화를 보여주는 자취이다. 따라서 귀신은 천지 만물의 운행과 변화를 주관하는 어떤 것을 말한다. 이를 대개 기氣라고도 일컬었다. 즉, 음陰·양陽 두 기氣의 조화를 말한다.

귀鬼는 양의 기요 신神은 음의 기로, 귀는 귀歸 즉 귀환의 성질을 지니며 신은 신伸 즉 펼침의 성질을 지녀서, 양자의 조화에 의해 천지 만물이 생성되고 자라나고 변화하고 소멸한다. 그런데 양자는 기氣라는 측면에서는 한 가지이다. 즉, 음과 양은 한 기의 두 가지 성질을 말한 것이기 때문에 둘이면서 하나라는 것이다.

귀신의 덕이 천하에 가득하다는 것은 천지 만물 중 어느 것도 귀신의 조화에 의하지 않은 것이 없다는 말이다. 따라서 여기서 말하는 귀신은 미신적 주술적 대상으로서의 귀신이 아니라 천지 만물의 운행 원리를 말하는 것이다. 귀신의 작용은 천지 만물이 생성·성장·변화·소멸되는 근본 원리이기 때문에 보려고 해도 보이지 않고 들으려고 해도 들리지 않지만, 어느 하나도 귀신의 작용에 의하지 않은 것이 없다는 말이다.

목욕재계하고 의관을 성대히 갖추어 제사를 지내면 귀신이 실제로 눈앞에 드러나 보이진 않을지라도 만물 조화의 원리인 귀신은 항상 사방에 가득 자리하여 있으니, 감히 경건한 마음과 자세를 한 치도 늦추어서는 안 된다는 말이다.

애초에 제사의 목적은 천지 만물을 주재한다고 믿었던 귀신에게 갸륵한 정성을 보임으로써 안정과 행복과 평화를 내려주기를 빌려는 것이었다. 후대로 오면서 주로 조상의 신에게 제사함으로써 조상을 공경하고 부모에 효도하는 마음을 다지고 친족 간의 결속력을 강화하기 위한 것이 주된 목적이 되었다.

《시경》 대아大雅 〈억抑〉 편의 시다. 신이 강림하는 것을 헤아릴 수 없다는 것은 앞서 말한 귀신의 이치는 보려고 해도 보이지 않고 들으려 해도 들리지 않는 것을 형용한 말이다. 자연 현상과 만물의 생성·성장·변화·소멸 등은 보고 들을 수 있는 것이지만 이는 귀신의 작용이 겉으로 나타나는 현상을 볼 수 있을 뿐이요, 그것에 깃들어 있는 은미한 이치는 헤아릴 수 없는 것이므로 삼가해 공경하지 않을 수 없다는 말이다.

《중용》에서의 중요한 개념 중 하나인 '성誠'에 대한 말이 처음 나온 부분이다. 성誠이 무엇인가에 대해 혹자는 '속이지 않는 것不欺'이라고 하고, 혹자는 '쉼이 없는 것不息'이라고 하고, 혹자는 '진실되어 허망함이 없는 것眞實無妄'이라고 하는 등 여러 해석이 있다.

《중용》에서는 천지 우주의 모든 현상이 드러나는 것은 천도天道의 성誠에 의한 것으로 보고 있다. 즉, 일체의 현상은 음과 양의 기가 오고 가거나 모이고 흩어져서 일어나는데, 이런 기의

제 16 장 성대한 음양의 조화

작용이 있게 되는 근본적인 이치가 성誠에 있다는 것이다. 따라서 은미한 것도 뚜렷이 드러나게 마련이니, 이는 모두 성誠에 의해 귀신이 작용하는 것으로, 성誠은 덮어 가릴 수 없다고 말한 것이다.

처음 읽는 대학·중용

子曰: 鬼神之爲德, 其盛矣乎! 視之而弗見, 聽之而弗聞, 體物而不可遺.
자왈 귀신지위덕 기성의호 시지이불견 청지이불문 체물이불가유

使天下之人齊明盛服, 以承祭祀. 洋洋乎! 如在其上, 如在其左右.
사천하지인재명성복 이승제사 양양호 여재기상 여재기좌우

詩曰: 神之格思, 不可度思! 矧可射思! 夫微之顯, 誠之不可揜如此夫.
시왈 신지격사 불가탁사 신가야사 부미지현 성지불가엄여차부

# 제17장

# 순舜의 큰 효

공자가 말했다. "순은 진정 큰 효를 이루셨구나. 덕이 높아 성인이 되셨고, 존귀하여 천자가 되셨고, 부유하여 천하를 가지셨도다. 종묘가 흠향하고, 자손이 보존했다. 그러므로 큰 덕을 이룬 사람은 반드시 그에 맞는 지위를 얻으며, 반드시 그에 맞는 녹을 얻으며, 반드시 그에 맞는 명성을 얻으며, 반드시 그에 맞는 수명을 얻는다. 그러므로 하늘은 만물을 낳아서 반드시 그 자질에 따라 더욱 두터이 해준다. 그러므로 제대로 심어진 것은 북돋아주고, 기울어진 것은 엎어버린다. 《시경》의 시에서 '훌륭하신 저 군자님 밝고 밝은 훌륭한 덕, 백성 신하 신하 잘 보살펴, 하늘 주신 봉록 받고, 보우하여 천명 받고, 하늘 거듭 돌보시네'라고 했다. 그러므로 큰 덕을 이룬 사람은 반드시 천명을 받는다."

---

○ 순舜은 생모를 일찍 잃고 완고하고 어리석은 아버지와 표독하고 흉악한 계모 밑에서 생명의 위험까지 느낄 정도로 갖은 학대를 받으며 자라면서도 자식의 도리를 잃지 않고 끝까지 효도를 다했다고 한다.

순은 성인의 덕을 지니고 천자라는 높은 지위에 오르고 천하라는 큰 부유함을 이루어 대대로 후손이 종묘에서 봉양하고 가르침을 보존하게 하였으니, 이보다 큰 효는 없다는 것이다.

순이 이룩한 큰 효는 사실 천자가 되거나 천하를 가진 것보다 성인의 덕을 닦은 것에 있다. 순이 농사짓고, 그릇 굽고, 고기 잡는 신분에서 제왕의 자리에 올라 존귀함과 부유함을 가지게 된 것도 끊임없이 자신의 덕을 수양하여 인근에 그 소문이 알려지고 나아가 천하에 그 소문이 들렸기 때문이므로, 효의 근본은 결국 자신의 덕을 수양함에 있는 것이다.

제대로 심어진 것은 자신의 덕성을 잘 수양한 것을 말하고 기울어진 것은 덕성의 수양에 게을리 한 것을 말한다. 하늘이 만물을 낳았으니 북돋아주고 엎어버리는 것은 하늘에 달렸지만 하늘의 의지는 만물의 상태를 보아 결정된다는 것이니, 사람의 운명도 자신의 덕성 수양 여부에 따라 달라질 수 있다는 말이다.

《시경》 대아大雅 〈가락假樂〉 편의 시다. 큰 덕을 이룬 사람은 반드시 하늘로부터 천명을 받아 천자의 자리에 오르고 하늘의 봉록을 받게 되며 끊임없이 하늘의 도움을 받게 됨을 읊은 것이다. 이는 순舜의 크나큰 효를 말함으로써 시작한 이 장의 결말을 시를 인용하여 맺은 것으로, 운명은 하늘에 달려 있지 않고 사람마다 각자 성실히 덕을 수양하는가의 여부에 달려 있음을 거듭 강조했다.

子曰: 舜其大孝也與! 德爲聖人, 尊爲天子, 富有四海之內. 宗廟饗之,
자왈 순기대효야여 덕위성인 존위천자 부유사해지내 종묘향지

子孫保之. 故大德必得其位, 必得其位, 必得其名, 必得其壽. 故天之生物,
자손보지 고대덕필득기위 필득기록 필득기명 필득기수 고천지생물

必因其材而篤焉. 故栽者培之, 傾者覆之, 詩曰: "嘉樂君子, 憲憲令德!
필인기재이독언 고재자배지 경자복지 시왈 가락군자 헌헌령덕

宜民宜人, 受祿于天. 保佑命之, 自天申之!" 故大德者必受命.
의민의인 수록우천 보우명지 자천신지 고대덕자필수명

# 제18장

# 문왕의 예

공자가 말했다. "걱정이 없었던 사람은 바로 문왕이었다. 왕계를 부친으로 두고, 무왕을 아들로 두어, 부친은 기틀을 닦고, 아들은 뒤를 이었기 때문이다. 무왕이 태왕·왕계·문왕의 업적을 이어, 한 번 갑옷을 입어 천하를 가지니, 자신은 천하의 훌륭한 명성을 잃지 않고, 천자의 존귀한 자리에 오르고 천하의 부를 가져, 종묘에서 흠향하고, 자손이 보존했다. 무왕이 말년에 천명을 받아서, 문왕과 무왕이 덕으로 이룩한 업적을 주공이 완성시켜서, 고공단보를 태왕으로 추존하고 계력을 왕계로 추존하고, 위로 선조에게 천자의 예로써 제사했다. 이 예법은 제후·대부 및 사·서인에게도 통용되었으니, 아버지가 대부이고 아들이 사이면 장례는 대부의 예로써 지내고 제사는 사의 예로써 지내며, 아버지가 사이고 아들이 대부이면 장례는 사의 예로써 지내고 제사는 대부의 예로써 지낸다. 일 년상은 대부에게까지만 적용되며, 삼 년상은 천자에게까지도 적용되니, 부모상은 신분의 귀함과 천함을 가리지 않고 한결같았다."

○ 주周나라가 왕업을 이룩한 과정을 말한 것이다. 주나라 시조는 후직后稷으로, 요순 시대에 태邰 지방에 책봉되었다고 한다. 주나라가 천하를 차지한 후에 태왕太王으로 추존된 고공단보古公亶父 때 외적의 침입을 피해 기산岐山 근처로 옮겨온 이후 성곽을 쌓고 궁실을 짓고 국호를 처음으로 주周라고 정했다. 고공단보에게 세 아들이 있었는데 막내 아들 계력季歷, 즉 왕계王季에게 왕위를 물려주었으니, 이가 바로 문왕의 아버지

다. 고공단보는 문왕이 뛰어남을 알아보고 그에게 왕위가 이어지도록 하기 위해 왕계에게 왕위를 물려주려는 의도를 품었는데, 이를 알아차린 왕계의 두 형 태백泰伯과 중옹仲雍이 먼 지방으로 피신하여 무사히 막내에게 왕위를 물려줄 수 있었다고 한다. 왕계의 뒤를 이은 문왕은 덕의 정치를 크게 베풀어 천하의 3분의 2가 그를 따랐는데도 천자의 자리에 오르려 하지 않고, 여전히 주왕紂王 밑에 있었다. 문왕의 아들 무왕에 이르러 주왕紂王의 포악무도함이 극에 달하자 비로소 주왕을 정벌하고 천자의 자리에 올랐다.

이로써 주周나라는 천하의 종주국이 되었다. 후세에는 천하의 3분의 2가 따르게 되었는데도 여전히 주왕紂王을 주군으로 섬긴 문왕을 덕치와 의리의 표본으로, 주왕의 폭정을 단호히 응징하여 천하를 바로잡은 무왕을 정의와 용기의 표본으로 여겨, 주나라가 천하의 종주국이 되게 한 공적이나 덕망을 따지면 누구도 경중을 가릴 수 없기 때문에, 마치 하나의 왕을 일컫는 것처럼 문무文武라고 병칭하기도 했다.

공자가 문왕은 근심이 없었던 사람이라고 한 것은 이상의 이유에서다. 즉, 부친과 조부는 자신의 능력을 인정하여 왕업의 기틀을 다져 물려주었고 아들은 자신의 유업을 이어 제업을 완성했기 때문이다.

무왕은 사실 무력 정벌로 천하를 가졌다. 일례로 유명한 형제 백이伯夷와 숙제叔齊는 무왕이 말에 올라 주왕을 정벌하러 출동하려 할 때 말고삐를 잡고 신하 신분으로 왕을 정벌하는 것은 무도한 짓이라고 하면서 극구 만류했고, 무왕은 끝내 이를 뿌리치고 주왕 정벌에 나섰던 것이다. 후에 백이와 숙제는 신하가 임금을 죽인 무도한 나라의 은혜를 받기 싫다 하여 결국 수양산首陽山에 들어가 숨어 살다 굶어 죽었다고 한다.

여기서 한 번 갑옷을 입자 천하를 가졌다고 한 것은 바로 무왕이 무력 혁명을 일으킨 것을 말한 것이다. 천하의 훌륭한 명성을 잃지 않았다고 한 것은 무력 혁명을 일으켰음에도 불구하고 선대부터 문왕까지 이어지던 훌륭한 덕망과 평판을 잃지 않았다는 말이다. 주왕의 폭정이 너무나 극에 달하여 더 이상 백성을 도탄에 빠지게 할 수 없었기 때문이다.

무왕의 입장에서 이는 도탄에 빠진 백성을 건지는 것이면서 동시에 선대로부터 이어진 유업을 계승 발전시키는 것으로, 효를 다한 것이다. 백성을 도탄에서 건진 점에서나 선대의 유업을 계승하여 완수한 점에서나 무왕의 업적은 지대한 것이라는 말이다.

문왕과 무왕 이후 주나라의 예악 문물 제도를 정비하고 제정하여 문화적으로 창성할 기틀을 마련한 인물이 주공周公이다. 주공은 문왕의 아들이자 무왕의 동생으로, 무왕이 죽고 무왕의 어린 아들 성왕成王이 뒤를 잇자, 섭정하며 성왕을 보필했다. 주공은 조카 성왕을 도와 주나라가 천하를 차지한 초기에 있었던 몇몇 반란을 평정하고, 주나라의 문화를 꽃피우는 것에 주력했다. 공자가 일생 동안 온 천하를 다니며 역설했던 통치의 이상적 모델은 주나라에 두었다. 즉, 공자는 주나라가 융성했던 시절의 문화를 부흥시키는 것에 최고의 사명을 두고 있었으니, 따라서 주나라 문화를 낳게 한 주공을 흠모하여, 만년에는 '오래구나, 내가 꿈에서 다시 주공을 만나 뵙지 못한 지가!'라는 절망의 뜻을 담은 탄식을 하기도 했다.

여기서 고공단보古公亶父를 태왕으로 추존하고 계력季歷을 왕계로 추존하고, 선조들을 천자의 예로써 제사지냈다는 것이 주공이 예악을 정비한 것의 일례이다. 무왕이 주왕을 정벌하고 천하의 종주국이 되기 전까지 주나라는 하나의 소국이었다. 앞에서도 말했듯이 문왕 역시 상商나라의 신하의 지위에 있었다. 이에 대해 주공은 이제 주나라가 천자의 자리에 올라 천하의 종주국이 되었으므로, 선왕을 대하는 예도 천자의 나라의 선왕을 대하는 예에 따라야 하는 예법을 제정한 것이다. 그리하여 문왕의 아버지 계력과 계력의 아버지 고공단보를 왕王으로 추존하여 각각 왕계王季와 태왕太王으로 하고, 또한 시조 후직后稷에 이르기까지 선대의 조상을 천자의 예로써 제사했다는 말이다.

천자天子·제후諸侯·대부大夫·사士·서인庶人은 주나라의 근간을 이루었던 신분 등급이다. 무왕이 천자의 자리에 오른 이후 이전의 선조도 천자의 예로써 제사한 예법은 비단 천자 뿐만 아니라 다른 지위와 신분의 사람들도 똑같이 적용되었다는 말이다.

주공이 제정하여 시행한 추존의 예법이 천자의 지위 뿐만 아니라 다른 신분에도 똑같이 적용되는 것을 보여준 예이다. 후대에는 추존 이외에 추증追贈의 예법도 생겨서, 누군가가 재상에 해당된 관직에 오르면 부친·조부·증조부 등 선대 삼대에 이르기까지 사후에도 관직을 수여했던 것을 말한다. 추존과 추증의 예법은 자신의 영광은 자신이 잘 했기 때문이 아니라 선대의 덕택에서 기인한 것이므로 선대와 함께 영광을 누려야 한다는 효심에서 비롯된 것이었다.

일 년상은 일 년 동안 상복을 입는 상으로, 조부모·백부모·숙부모·형제 등의 상喪을 말하며, 삼 년상은 삼 년 동안 상복을 입는 상으로, 부모의 상喪을 말한다. 일 년상은 대부에까지 적용된다는 것은 서인부터 대부에 이르기까지 누구나 일 년상을 치러야 하며, 제후와 천자의 경우에만 예외로 한다는 것이다. 그러나 부모의 상인 삼 년상은 서인으로부터 천자에 이르기까지 신분의 귀천을 가릴 것 없이 치러야 하는 것으로, 이는 부모에 대한 효심은 신분의 귀천을 가릴 것 없이 한결같아야 함을 말한 것이다.

관혼상제로 대표되는 고대의 복잡다단했던 예법을 오늘날에도 그대로 지켜야 한다고 주장하는 것은 물론 어불성설이다. 실제로 후대에 가면 애초에 주공이 예법을 정할 당시의 정신은 사라지고 오로지 과시와 형식에 치우쳐서 허례허식을 일삼은 경우가 무수히 많았으니, 고대의 예법은 그 바탕에 깔린 효도와 공경, 경건과 엄숙, 정성과 질서 등의 정신을 배우면 충분한 것이다.

子曰: 無憂者其惟文王乎! 以王季爲父,
자왈 무자기유문왕호 이왕계위부

以武王爲子, 父作之, 子述之. 武王纘大王·王季·文王之緒. 壹戎衣而有天下,
이무왕위자 부작지 자술지 무왕찬태왕 왕계 문왕지서 일융의이유천하

身不失天下之顯名, 尊爲天子, 富有四海之內. 宗廟饗之, 子孫保之.
신불실천하지현명 존위천자 부유사해지내 종묘향지 자손보지

武王末受命, 周公成文武之德, 追王大王·王季, 上祀先公以天子之禮.
무왕말수명 주공성문무지덕 추왕태왕 왕계 상사선공이천자지례

斯禮也, 達乎諸侯大夫, 及士庶人. 父爲大夫, 子爲士, 葬以大夫, 祭以士.
사례야 달호제후대부 급사서인 부위대부 자위사 장이대부 제이사

父爲士, 子爲大夫, 葬以士, 祭以大夫. 期之喪達乎大夫, 三年之喪達乎天子,
부위사 자위대부 장이사 제이대부 기지상달호대부 삼년지상달호천자

父母之喪無貴賤一也.
부모지상무귀천일야

# 제19장

# 무왕과 주공의 효

공자가 말했다. "무왕과 주공은 그야말로 온전하게 효를 이루셨다. 효란 선인의 마음을 잘 이어받고, 선인의 사업을 잘 계승하는 것이다. 봄 가을에 선인 신위를 모신 사당을 수리하고, 종가의 예기를 진설하고, 예복을 진열하고, 제철 음식을 바치는 것이다. 종묘의 예는 혈연 계통을 차례지은 것이요, 관작을 차례지은 것은 높음과 낮음을 판별하기 위한 것이요, 제사에서 맡은 일에 따라 차례 지은 것은 현명함을 판별하기 위한 것이요, 제사가 끝날 무렵 참례했던 사람들이 아래에서 위로 술잔을 돌리는 것은 조상의 은총이 낮은 자에게까지 이르게 하는 것이요, 제사가 끝나고 연배에 따라서 자리를 정하고 연회를 베푸는 것은 위아래를 차례 짓기 위한 것이다. 선왕의 자리를 이어, 선왕이 행하던 예를 행하고, 선왕이 즐기던 음악을 연주하고, 선왕이 존경하던 이를 존경하고, 선왕이 친히 하던 이를 사랑하며, 죽은 이를 산 사람같이 모시고, 없는 이를 있는 사람같이 모시는 것이 효의 지극한 것이다. 교郊 제사와 사社 제사의 예는 상제와 후토를 섬기는 것이요, 종묘의 예는 조상에게 제사하는 것으로, 교郊·사社·제사의 예법과 체·상 제사의 의미를 훤히 알면 나라를 다스리는 것은 손바닥 들여다보듯 쉬우리라."

○ 무왕과 주공은 모두 문왕의 아들이다. 공자는 이들이 문왕의 유업을 발전 완성시킨 것이 효도 중의 효도라고 칭송한 것이다. 진정한 효도는 부모 생존시에 의식이 풍족하고 심신이

편안하게 봉양하는 것만으로 그치는 것이 아니라, 무왕과 주공의 경우처럼 돌아가신 이후에도 각고 노력하여 남긴 뜻을 계승하여 완성하는 것에 있다는 것이다.

이어서 부모가 돌아가신 이후에도 마치 살아계신 것처럼 효도해야 한다는 것을 말했다. 옛날에는 선인의 위패를 사당에 안치하여 철따라 봉양하는 것 역시 중시했다. 사당에는 선인의 위패를 모시고, 선인이 몸소 사용하던 일상 도구를 보관하고, 몸소 걸치던 옷을 보관했으며, 철마다 새로 나온 음식은 가장 먼저 선인에게 봉양했다. 이는 세월이 오래 갈수록 선인의 모습과 행적이 잊힐 것을 염려하여 항상 곁에 있는 듯 정성과 공경을 다함으로써 유업을 완수할 것을 잊지 않으려는 정신적 자세를 중시한 것이다. 즉, 제사와 봉양은 그 형식에 중점이 있는 것이 아니라 이를 통해 정성과 공경의 마음을 다지는 것에 중점이 있다는 것을 잊지 말아야 한다.

종묘에서 제사를 지낼 때 행해지는 여러 가지 예법의 의미를 설명했다. 소목昭穆은 조상의 위패를 모신 차례를 말한다. 맨 앞 중앙에 시조의 위패를 모시고, 소昭에 해당하는 왼쪽 줄에 2대의 위패를 모시고, 목穆에 해당하는 오른쪽 줄에 3대의 위패를 모시고, 다시 소昭에 4대를 모시고 목穆에 5대를 모시는 식으로 이어지는 위패의 서열을 말한다. 따라서 종묘에서 소목에 따라 차례대로 위패를 안치하는 것은 혈연 계통을 차례 지은 것이라고 했다. 관작은 귀족의 등급인 공公·후侯·백伯·자子·남男이나 경卿·대부大夫·사士 등을 말하는 것이다.

관작을 차례 짓는다는 것은 관작의 서열에 따라 차례대로 배례한다는 것으로, 이 차례를 통해 당사자의 높음과 낮음을 판별할 수 있다는 것이다. 맡은 일에 따라 차례 짓는다는 것은, 제사에는 여러 절차가 있고 제례를 진행하는 여러 직책이 있어서, 각자의 능력에 따라 맡은 일을 배정함으로써 그 사람의 현명함과 모자람을 판별할 수 있다는 말이다. 여수旅酬는 제사가 끝날 무렵 참례했던 사람들이 모두 술잔을 돌리는 것을 말한다. 이 때 아랫사람이 윗사람에게 술잔을 올리면 윗사람이 다시 아랫사람에게 술잔을 돌리게 마련이니, 지위에 관계없이 상하가 화목할 수 있는 기회를 만드는 것이다. 나이 많은 사람은 머리가 하얗고 나이 적은 사람은 머리가 검을 것이니, 제사가 끝나 참례객들이 돌아간 뒤 집안사람끼리 머리의 색깔에 따라, 즉 연배에 따라 자리를 정하고 연회를 베푸는 것이 연모燕毛이다. 이는 친족 간 위아래를 알려서 상호 공경과 사랑을 배우고 행하게 하기 위한 것이다.

이어서 제왕의 경우를 예로 들어, 어떻게 선왕의 뒤를 따르는 것이 효도를 다하는 것인가 설명했다. 선왕이 행하던 예법과 즐기던 음악을 변함없이 이어받고, 선왕이 존경하던 이를 존경하고 친히 하던 이를 사랑하며, 마치 살아 계신 듯 하는 것이 효의 극치임을 강조한 것이다.

옛날에 천자는 해마다 동지날이면 도성 남쪽 근교에서 하늘에 제사를 지냈다. 이를 교제郊祭라고 했다. 이 때 환구圜丘 또는 천단天壇이라고 하는 둥근 모양의 제단을 쌓았다. 하늘의 모양이 둥글다 하여 이를 본뜬 것이다.

또한 해마다 하지날이면 도성 북쪽 근교에서 토지의 신에게 제사를 지냈다. 이를 사제社祭라고 했다. 이 때 방구方丘 또는 지단地壇이라고 하는 모난 모양의 제단을 쌓았다. 이는 토지의 모양의 모나다 하여 이를 본뜬 것이다.

본문에서 교郊 제사와 사社 제사는 상제를 섬기는 것이라고 한 것은 엄밀히 말하면 상제와 후토后土, 즉 지신地神을 섬기는 것이라고 해야 한다. 교사郊社라고 하면 양자를 모두 지칭하기 때문이다.

체禘 제사는 천자가 상제에게 제사하면서 시조신을 배향配享

하는 제사로, 5년에 한 번씩 행해졌다고 한다.

상嘗 제사는 사계절에 한 번씩 올리는 시제時祭 중 가을에 올리는 제사로, 추수감사제와 비슷한 것이다.

위와 같이 제사의 예법과 의미를 훤히 알면 천하를 다스리는 것은 손바닥 들여다보듯 쉬울 것이라고 했다. 이는 천지와 조상의 신에게 제사를 올리는 것이 국가 대사였던 제정일치祭政一致 사회의 경우를 두고 한 말이다. 이를 현대적 의미에서 보면, 지도자는 국가나 단체의 이런저런 일을 총괄하는 입장에서 그 의미와 가치를 제대로 판단하여 시행하는 능력과 자질이 요구된다는 말이다.

---

子曰: 武王·周公, 其達孝矣乎! 夫孝者, 善繼人之志,
자왈 무왕 주공 기달효의호 부효자 선계인지지

善述人之事者也. 春秋脩其祖廟, 陳其宗器, 設其裳衣, 薦其時食. 宗廟之禮,
선술인지사자야 춘추수기조묘 진기종기 설기상의 천기시식 종묘지례

所以序昭穆也. 序爵, 所以辨貴賤也. 序事, 所以辨賢也. 旅酬下爲上,
소이서소목야 서작 소이변귀천야 서사 소이변현야 려수하위상

所以逮賤也. 燕毛, 所以序齒也. 踐其位, 行其禮, 奏其奏, 敬其所尊, 愛其所親,
소이체천야 연모 소이서치야 천기위 행기례 주기악 경기소존 애기소친

事死如事生, 事亡如事存, 孝之至也. 郊社之禮, 所以事上帝也. 宗廟之禮,
사사여사생 사망여사존 효지지야 교사지례 소이사상제야 종묘지례

所以祀乎其先也. 明乎郊社之禮·禘嘗之義, 治國其如示諸掌乎.
소이사호기선야 명호교사지례 체상지의 치국기여시저장호

# 정치와 수양의 근본

애공이 정치를 물었다. 공자가 말했다.

"문왕과 무왕이 행했던 정치가 목판과 죽간에 여기저기 기록되어 있습니다. 그런 왕과 신하가 있다면 그 정치는 행해지고, 그런 왕과 신하가 없다면 그 정치는 사라집니다. 사람은 정치에 따라 빠르게 반응하며, 땅은 심는 것에 따라 빠르게 반응합니다. 정치라는 것은 나나니벌과 같은 것입니다. 그러므로 정치의 성패는 사람에게 달려 있습니다. 인재를 취하는 것은 자신의 인격과 덕망으로써 하고, 자신의 인격과 덕망을 수양하는 것은 도로써 하고, 도를 수양함은 인으로써 해야 합니다. 인仁이라는 것은 사람으로서 할 도리를 다 하는 것이니 친족을 친히 함이 가장 큰 일이고, 의義라는 것은 모든 일에 마땅함을 추구하는 것이니 현명한 이를 존중함이 가장 큰 일입니다. 친족을 친히 하는데 친소 관계에 따라 정도의 차이가 나는 것과 현명한 이를 존중하는데 현명한 정도에 따라 차등이 있는 것이 예가 생기는 근원입니다. 그러므로 군자는 자신을 수양하지 않을 수 없으니, 자신을 수양할 것을 생각한다면 부모를 섬기지 않을 수 없을 것이요, 부모를 섬길 것을 생각한다면 사람을 알지 않을 수 없을 것이요, 사람을 알 것을 생각한다면 하늘을 알지 않을 수 없을 것입니다."

○ 이 20장에서는《중용》에서 중요한 개념인 '성誠' 즉 진실무망에 대해 본격적으로 언급하였다. 애공哀公은 노魯나라 제후로, 공자 나이 59세 때 노나라 제후가 되었다고 한다. 애공이 정치에 대해 묻자 공자가 대답하는 것으로 시작하였다.

천도天道·인도人道·치도治道 세 가지는 별개가 아니라 하나의 원리에서 출발한다. 즉, 하늘의 도를 따르는 것이 인간의 도라면, 천하 만민이 함께 인간의 도를 실현하여 평화와 행복을 찾게 하는 것이 정치의 도이기 때문이다.

따라서 공자는 정치 성패의 관건은 제도나 법규에 있는 것이 아니라 통치자의 덕성 여부, 즉 통치자가 얼마나 사람의 도리를 따르고 실천하는가에 달려 있으며, 이리하여 가장 훌륭한 덕망을 갖춘 사람이 왕위에 오르는 것을 이상적인 정치로 보았다.

목판과 죽간은 고대의 책이다. 종이가 발명되기 이전에는 나무판이나 대쪽을 얇게 다듬어서 그 위에 기록을 하고 묶음으로 묶거나 천이나 가죽에 기록하여 둘둘 말아서 책으로 사용했다.

문왕과 무왕의 정치가 책에 기록되어 전하고 있으니 그것을 본받는다면 정치는 성공하고 본받지 않는다면 실패할 것이라는 말이다. 정치에 대한 애공 질문에 공자는 가장 먼저 문왕과 무왕의 정치를 본받으라고 했다.

문왕과 무왕은 안으로는 성인聖人이요 밖으로는 왕이 되어, 성인이 왕위에 오르는 이상적 정치를 구현한 것으로 보았다. 따라서 공자는 그 시대와 같은 왕과 신하가 있고 그 시대와 같은 정치가 행해지면 정치가 완성된다고 말한 것이다.

정치는 제도나 법규보다는 사람이 중요하므로 통치의 요체는 올바른 인재를 등용하는 것에 있고, 올바른 인재를 등용하는 것은 통치자 자신의 인격과 덕망에 달려 있다고 말했다. 통치자 인격이 바로잡힘으로써 선과 악을 제대로 판별할 수 있을 것이며, 또한 인격과 덕망을 갖춘 통치자 밑에 바르고 현명한 인재가 모여들기 때문이다.

따라서 정치의 근본은 결국 자신의 수양에 있으니, 자신의 수양은 도로써 하고 도의 수양은 인으로써 해야 한다는 것이 공자의 주장이다.

도는 사람이 걸어야 할 길이다. 그런데 도는 인仁으로 수양해야 한다. 인은 하나의 덕목이기 이전에 사람의 마음에 내재한 실체로, 이를 깨닫고 확충해 나가는 것이 바로 사람의 길이다.

인仁은 공자의 중심 사상이며 유가의 중심 사상이다. 그 글자의 원래 의미는 '사람과 사람'으로, 이는 사람과 사람이 애정을 가짐으로써 대립의 관계를 넘어 화합의 관계로 나아가는 것을 말한다. 애정을 중심으로 개체와 개체의 화합을 가능하게 하는 인간의 타고난 본성이 바로 인이다.

따라서 인은 사람이면 누구나 지키고 따라야 할 본성이자 도리이며, 사람이 사람인 이유이다. 결국 인은 모든 윤리의 근본으로, 인을 추구하는 것은 곧 인간이 인간답게 살아가는 길이요, 인을 실현하는 것은 사람과 사람이 애정으로 화합하여 천하의 질서를 바르게 하는 길이다.

그런데 사람은 누구를 사랑하는 것에 차등이 있게 마련이어서 처음부터 만인을 똑같이 사랑하는 것이 불가능하다. 즉, 사람의 자연스런 감정으로는 남의 부모를 자기 부모처럼 똑같이 사랑할 수 없으며, 남의 형제를 자기 형제처럼 똑같이 사랑할 수 없다는 말이다.

따라서 무조건 사랑을 요구하는 것은 무리이다. 따라서 공자는 사람을 사랑하는 것, 즉 인을 실현하는 것도 가까운 것으로부터 먼 것으로 확충해나가야 한다고 말했다. 이는 인간관계의 친밀도를 말하는 것이다.

인간관계에서 가장 가까운 사이는 부모·형제·처자를 중심으로 하는 친족으로, 사람은 친족에 대한 사랑이 가장 강하게 나타난다는 말이다. 따라서 가장 친밀한 관계인 친족으로부터 시작하여 친구·이웃 등을 거쳐 점차 소원한 사람에게로, 더 나아가 천지 만물에 대한 사랑으로 확충해나가는 것이 인을 실현하는 길임을 말한 것이다. 그러한 까닭에 친족을 친히 하는 것이 인을 실현함에 있어 가장 크다고 말한 것이다.

또한 친족에도 먼 친족 가까운 친족, 직계 친족 방계 친족 등 친소 관계의 차이가 있으므로 친친지쇄親親之殺, 즉 친족을 친히 하는데도 친소 관계에 따라 정도의 차이가 있다고 말했다.

다음으로 의義는 모든 일에 마땅함을 추구하는 것이라고 하고, 현명한 이를 존중하는 것이 의義의 가장 큰 일이라고 했다. 그런데 현명한 이를 존중하는 것에도 또한 차등이 있다고 말했다. 사람의 자연스런 감정은 범상한 사람보다는 뛰어난 사람을 존중하고, 인격이 낮은 사람보다는 높은 사람을 존중하고, 지위가 낮은 사람보다는 높은 사람을 존중하게 마련이라는 말이다.

친족을 친히 하는 것이 친소 관계에 따라 차등이 있는 것과 현명한 이를 존중하는 것이 정도에 따라 차이가 있는 것이 예禮가 발생하는 근거가 되었다고 했다. 사랑하는 마음과 존중하는 마음에 나타나는 정도의 차이는 그것을 행동으로 표현하는 데에도 구별이 필요하게 되고, 그 구별을 위해 행동에 질서를 부여한 것이 예禮라는 말이다.

정치의 근본은 인재 등용에 있으며, 인재 등용의 근본은 자기 수양에 있으며, 자기 수양의 근본은 인을 체득하고 실현하는

것에 있다. 나라를 다스리는 도는 사람의 도리를 다하는 것에
있고, 사람의 도리를 다하는 것은 하늘의 도를 알아 실현하는
것에 있으니, 치도治道와 인도人道와 천도天道는 하나이다.

哀公問政. 子曰: 文武之政, 布在方策. 其人存, 則其政擧. 其人亡, 則其政息.
애공문정 자왈 문무지정 포재방책 기인존 즉기정거 기인망 즉기정식

人道敏政, 地道敏樹. 夫政也者, 蒲廬也. 故爲政在人, 取人以身, 脩身以道,
인도민정 지도민수 부정야자 포로야 고위정재인 취인이신 수신이도

脩道以仁. 仁者人也, 親親爲大. 義者宜也, 尊賢爲大. 親親之殺, 尊賢之等,
수도이인 인자인야 친친위대 의자의야 존현위대 친친지쇄 존현지등

禮所生也. 在下位不獲乎上, 民不可得而治矣! 故君子不可以不脩身. 思脩身,
례소생야 재하위불획호상 민불가득이치의 고군자불가이불수신 사수신

不可以不事親. 思事親, 不可以不知人. 思知人, 不可以不知天.
불가이불사친 사사친 불가이부지인 사지인 불가이부지천

천하의 달도는 다섯 가지요, 행하게 하는 것은 세 가지이다. 말하자면 군신 관계요, 부자 관계요, 부부 관계요, 형제 관계요, 친구와의 사귐이다. 이 다섯 가지는 천하의 달도이다. 지혜·어짊·용기 세 가지는 천하의 달덕이다. 행하게 하는 것은 한 가지이다.

○ 인仁이란 사람의 도리이며, 사람과 사람이 사랑으로 화합할 수 있도록 이끄는 타고난 본성이다. 그런데 사람의 사랑은 친소 관계에 따라 차등이 있기 때문에 가까운 것에서 먼 것으로 확충해나가는 것이 인의 실현임을 얘기했다. 이와 같이 점진적인 사랑의 확장을 통하여 인을 실현하려 할 경우 그 출발점이 되는 보편적인 인간관계를 달도라고 한다. 즉, 달도란 인간 모두에게 보편적으로 놓인 인간관계 실현의 길을 말한다. 여기에는 다섯 가지가 있으며 그것을 행하게 하는 것은 세 가지라고 했다. 군신君臣·부자父子·부부夫婦·형제兄弟·붕우朋友 관계가 다섯 가지 달도이다. 이는 누구나 가지게 되는 보편적 인간관계로, 이를 통해 다져진 덕성을 확충해 나가는 것이 인을 실현하는 길이요, 사람의 도리를 다하는 길이다.

군신 관계는 의義의 길이다. 상하 관계의 전형으로, 현대적 의미에서는 상관과 부하의 관계로 볼 수 있을 것이다. 사람이 본래 다 같은 사람이지만 상하의 구별이 있는 이유는 혹자는 현명하고 혹자는 모자라며, 혹자는 먼저 깨닫고 혹자는 뒤에 깨닫기 때문이다. 따라서 상하를 구분하는 것은 윗사람이 권위를 내세워 아랫사람에게 군림하고 부려먹기 위한 것이 아니라, 모자라는 사람도 역시 현명하게 되도록 끌어주기 위함이며, 먼저 깨달은 사람으로서 아직 깨닫지 못한 사람을 도와주기 위함이다. 아랫사람은 또한 윗사람을 믿고 따름으로써 상하의 질서가 세워진다. 따라서 군신 관계에서는 의義를 완성하게 된다.

부자 관계는 자애와 공경의 길이다. 세상 어느 사랑이 자식에 대한 부모의 사랑만 하겠으며, 세상의 어느 공경이 부모에 대한 자식의 공경만 하겠는가? 부자 관계에서 이루어지는 사랑이 조부모와 손자 손녀에게 확충될 수 있으며 스승과 제자의 사랑과 공경으로 확충될 수 있으니, 따라서 부자 관계에서는 친親을 완성하게 된다.

부부 관계는 사랑과 유별有別의 길이다. 부부는 사랑으로 맺어지고 서로를 존중하고 아끼면서 가정을 꾸려나간다. 또한 남편에겐 남편으로서의 할 일이 있고 아내에겐 아내로서의 맡은 일이 있으니, 각자 자기 일에 충실하면서 가정의 조화와 행복이 이루어진다. 따라서 부부 관계에서는 사랑과 유별을 완성하게 된다.

형제 관계는 우애와 질서의 길이다. 동생은 형을 나이든 자로서 따르고 공경하며, 형은 동생을 어린 자로서 이끌고 사랑하고, 또한 좋은 것은 서로에게 양보하고 궂은일은 먼저 나서 처리하니, 이렇듯 형제 관계에서 완성된 우애와 질서는 밖에 나가 어른을 어른으로 대접하고, 어린이를 어린이로 보살피며, 선배는 후배를 이끌고 후배는 선배를 따르는 덕성으로 확충되는 것이다.

붕우 관계는 믿음의 길이다. 친구는 고충을 토로하고 함께 고민하고 울고 웃는 관계이다. 군신·부자·부부·형제와는 달리 쉽게 맺고 끊을 수 있는 관계이되, 사실은 가장 가까울 수 있는 관계로서, 믿음으로 맺어지는 것이다. 믿음으로 친구를 맺는 것처럼 만인을 대한다면 모두가 하나로 될 것이니, 따라서 붕우 관계에서는 믿음이 완성된다.

이 다섯 가지로 사람의 인간관계를 포괄하지 못할 것이 없다. 따라서 사람의 도리를 다하는 길이니, 누구든지 하나라도 소홀히 할 수 없다.

또한 다섯 가지를 실현하게 하는 것은 지혜智·어짐仁·용기勇 세 가지라고 했다. 공자는 앞에서 이미 순舜·안회顏回·자로子路를 각각 지혜智·어짐仁·용기勇를 성취한 인물로 들었거니와, 지혜는 사람의 도리를 관찰하여 알게 하고, 어짐은 사람의 도리를 몸소 실행하게 하고, 용기는 과감히 적극적으로 실천하는 힘을 얻게 하니, 세 가지는 사람의 도리를 다함에 있어 없어서는 안된다. 그런데 이 세 가지 또한 결국 하나로 통섭될 수 있다고 말했다. 그 하나는 다름아닌 성誠, 즉 진실무망이다.

天下之達道五, 所以行之者三. 日君臣也, 父子也, 夫婦也,
천하지달도오 소이행지자삼 왈군신야 부자야 부부야

昆弟也, 朋友之交也. 五者天下之達道也. 知·仁·勇三者, 天下之達德也,
곤제야 붕우지교야 오자천하지달도야 지 인 용삼자 천하지달덕야

所以行之者一也.
소이행지자일야

혹자는 자연히 알기도 하고, 혹자는 배워서 알기도 하고, 혹자는 고심 끝에 알기도 하되, 아는 것은 모두 마찬가지다. 혹자는 편안하게 여겨 행하기도 하고, 혹자는 이익으로 여겨 행하기도 하고, 혹자는 애써서 행하기도 하되, 공을 이루는 것은 모두 마찬가지다.

○ 인간은 누구나 하늘이 부여한 선한 본질, 즉 성선性善을 타고났고, 그 성性을 따라 나아가야 하는 길이 도道다. 그런데 누구에게서나 성선이 발현되지 않는 이유는 사람마다 도를 알고 실행하는 것에 차이가 있기 때문으로, 이를 세 부류로 나누었다. 사람은 받은 기氣의 맑음淸·탁함濁·순수함粹·뒤섞임駁 등의 차이에 따라 그 자질이 결정된다. 자질의 차이로 인하여 스스로 깨달아 알게 되는 사람과, 배워서 알게 되는 사람과, 고심 끝에 알게 되는 사람이 각각 다르게 나타난다는 것이다. 그러나 어느 경우에도 도를 아는 것에 이르러서는 모두 마찬가지라고 했다. 타고난 자질의 차이는 개인의 노력에 의해 얼마든지 극복될 수 있다는 것이다.

사람이 자질의 차이에 따라 자연히 도를 알고, 배워서 도를 알고, 고심 끝에 도를 아는 차이가 있듯이, 도를 실행하는 것에서도 편안하게 여겨 행하고, 이익으로 여겨 행하고, 애써서 행하는 차이가 있다는 것이다. 편안하게 여겨 행한다는 것은 도를 행하는 것이 인간의 도리요 삶의 길이라는 것을 알기 때문에 의식적으로 노력을 가하는 것 없이 삶 그 자체가 도를 실행하는 길이라는 뜻으로, 자연히 아는 사람이 도를 실행하는 경우이다. 이익으로 여겨 행한다는 것은 도를 따르는 것이 따르지 않는 것보다 바른 길이요 좋은 길임을 알기 때문에 실행한다는 뜻으로, 배워서 아는 사람이 도를 실행하는 경우이다. 애써서 행한다는 것은 시시각각 도에서 멀어질 틈이 있더라도 이에 빠지지 않고 꾸준히 열심히 도를 행한다는 뜻으로, 고심 끝에 아는 사람이 도를 실행하는 경우이다. 모두 자질의 차이가 다르고 도를 알고 실행하는 방법의 차이는 달라도 궁극적인 선의 경지에 도달하는 결과는 같다는 말이다.

或生而知之, 或學而知之, 或困而知之, 及其知之一也. 或安而行之,
혹생이지지 혹학이지지 혹곤이지지 급기지지일야 혹안이행지

或利而行之, 或勉强而行之, 及其成功一也.
혹리이행지 혹면강이행지 급기성공일야

공자가 말했다. "배우기를 좋아하면 지혜에 가까운 것이요, 힘써 행하려 하면 어짐에 가까운 것이요, 부끄러움을 알면 용기에 가까운 것이다. 이 것을 알면 자신을 수양하는 것을 알게 되고, 자신을 수양하는 것을 알면 사람을 다스리는 것을 알게 되고, 사람을 다스리는 것을 알면 천하와 국가를 다스리는 것을 알게 된다."

○ 주희는 애공哀公이 정치에 대해 물은 이후 20장 전체가 공자의 대답 형식으로 되어 있기 때문에 여기서 '자왈子曰'은 군더더기라고 하였으니, 전체 문맥으로 보면 일리 있는 견해이다. 천하와 만물에 확충되어 나갈 수 있는 보편적 인간관계, 즉 달도達道를 실행하게 하는 근본이 지혜智·어짐仁·용기勇라는 세 가지 달덕達德임을 앞에서 말했다. 여기서는 달덕을 이루는 단서를 말했다. 가깝다는 말은 단서가 된다는 뜻이다. 다시 말하면, 배우기를 좋아하는 것 자체가 지혜는 아니지만 지혜를 이루는 단서가 되며, 힘써 행하는 것 자체가 어짐은 아니지만 어짐을 이루는 단서가 되며, 부끄러움을 아는 것 자체가 용기는 아니지만 용기를 이루는 단서가 된다는 뜻이다. 맹자가 제시한 사단四端과 일맥상통한다. 여기서는 집안을 다스리는 것이 사람을 다스리는 것으로 대치되었지만, 자기 수양으로부터 천하와 국가를 다스리는 것으로 나아가는 《대학》의 정신과 같다.

처음 읽는 대학·중용

子曰: 好學近乎知, 力行近乎仁, 知恥近乎勇. 知斯三者, 則知所以脩身.
자왈 호학근호지 역행근호인 지치근호용 지사삼자 즉지소이수신

知所以脩身, 則知所以治人. 知所以治人, 則知所以治天下國家矣.
지소이수신 즉지소이치인 지소이치인 즉지소이치천하국가의

천하와 국가를 다스리는 데에는 아홉 가지 변함없는 법도가 있다. 말하자면 자신을 수양하는 것이요, 현명한 이를 존중하는 것이요, 친족을 친히 하는 것이요, 대신을 공경하는 것이요, 신하를 몸소 살피는 것이요, 서민을 자식처럼 돌보는 것이요, 모든 재주 있는 이를 와서 모이게 하는 것이요, 멀리 있는 이를 관대하고 부드럽게 대하는 것이요, 제후를 포용하는 것이다. 자신을 수양하면 도가 확립되고, 현명한 이를 존중하면 미혹되지 않고, 친족을 친히 하면 여러 숙백과 형제들이 원망하지 않고, 대신을 공경하면 어지럽지 않고, 신하를 몸소 살피면 그들이 예로써 두터이 보답하고, 서민을 자식처럼 돌보면 백성이 힘써 받들고, 모든 재주 있는 이를 와서 모이게 하면 쓸 재물이 풍족하고, 먼 곳 사람을 관대하고 부드럽게 대하면 사방에서 의지하여 오고, 제후를 포용하면 천하가 두려워 따른다.

○ 경經은 상도常道, 즉 변함없는 이치나 법도를 말한다. 인간이 언제나 지키고 따라야 할 규범 및 준칙을 일컫는다. 경서經書라는 말도 여기서 나왔다.

천하와 국가를 다스리는 데 아홉 가지 변함없는 법도가 있다고 했다. 《중용》은 개인적 수양을 위한 것이지만 통치의 이론과 준칙을 언급하는 것도 많이 볼 수 있다. 철저한 자기 수양을 통해 이상적 정치를 실행하는 것이 《중용》에서 지향하는 이상적 인간형이기 때문이다. 따라서 나라를 다스리는 지위에 있는 제왕도 제왕이기 이전에 하나의 인간이요, 그에 따른 인간으로서의 자기 수양이 무엇보다도 먼저 필요하다는 것을 말하고 있다.

통치자가 걸어야 할 아홉 가지 변함없는 길은 자신을 수양하고, 현명한 이를 존중하고, 친족을 친히 하고, 대신을 공경하고, 신하를 몸소 살피고, 서민을 자식처럼 돌보고, 모든 재주 있는 이를 와서 모이게 하고, 먼 데 사람을 관대하고 부드럽게 대하고, 제후를 포용하는 것이라고 했다. 이어 이 아홉 가지를 실행하여 얻게 되는 효과를 말하고 실행 방법의 일단을 제시한다.

자신을 수양하면 도가 확립된다고 했다. 통치자가 먼저 자신을 수양함으로써 도가 확립되면 인간의 도리를 다하게 될 것이요, 백성 역시 이를 보고 배우며 믿고 따른다.

다음으로 현명한 이를 존중하면 미혹되지 않는다고 했다. 현명한 이는 만물의 이치를 깨닫고 매사에 옳고 그름을 판단할 줄 아는 사람으로, 옳은 것은 아낌없이 칭찬하고 선양하며, 그른 것은 서슴없이 지적하고 비판한다. 그러므로 통치자가 잘못하면 현명한 이로부터 지적하고 비판하는 소리를 듣게 마련이다. 그것을 받아들여 자신을 반성하고 잘못을 고쳐 나간다면 자신의 인격이 수양되어 현명하게 될 것이다.

그러나 반대로 귀에 거슬리는 소리가 듣기 싫다 하여 현명한 이를 꺼려하고 멀리하면 결국 우매하고 어리석은 통치자로 전락하고 만다.

다음으로 친족을 친히 하면 여러 숙백과 형제들이 원망하지 않는다고 했다. 친족을 친히 한다는 것은 자애와 공경을 통해 친족을 사랑하고 내 몸처럼 아껴 하나가 된다는 뜻이요, 친족에게 특혜를 베풀고 이권을 넘기는 따위를 말하는 것이 아니다. 혈연을 빙자하여 친족에게 특혜를 베풀고 이권을 넘기면 친족 역시 이익과 욕망을 추구하여 달려들 것이요, 성에 차지 않을 경우 서로를 원망하고 헐뜯어서 해를 입힐 것이니, 이는 친족이 아닌 것만 못한 것이다.

다음으로 대신을 공경하면 어지럽지 않다고 했다. 대신은 나라의 중추로, 인격과 덕망을 갖추어 나라의 큰일을 맡긴 사람이다. 따라서 그 인격과 덕망을 공경하여 신임해야 하니, 일을 맡기고도 신임하지 않고 직접 모든 일을 살피고 간섭한다면 온갖 잡무에 시달려 피곤하고 어지럽게 될 것이다.

다음으로 신하를 몸소 살피면 예로써 두터이 보답한다고 했다. 신하는 통치자의 신하이기 이전에 백성의 복리를 위해서 힘쓰는 나라의 일꾼으로, 이는 통치자의 할 일을 대신 맡아서 해주는 존재이다. 따라서 일을 맡기고 돌아보지 않거나 신하라 하여 함부로 대하고 업신여겨서는 안 된다는 말이다. 항상 신하가 하는 일을 살피고 고충을 들어주어 잘한 것을 선양하고 못한 것을 고쳐 주며 복지와 후생에 힘쓴다면 신하는 충정을 다하여 통치자를 보필하고 백성들을 보살피게 된다.

다음으로 서민을 자식처럼 돌보면 백성이 힘써 받든다고 했다. 통치자가 백성을 사랑하는 것은 자기 자식을 사랑하는 것에서 확충된다고 하였으니, 서민을 자식처럼 돌본다는 것은 이를 두고 한 말이다. 통치자는 자기가 온 백성의 상전이요 최고이니 무조건 복종하고 따르라고 요구해선 안 되며, 이해와 사랑으로 백성을 보살펴야 한다. 통치자의 입장에서 보면 온 백성이 자기 자식이 아닌 이가 없으므로 사랑하지 않을 이가 없다.

다음으로 모든 재주 있는 이를 와서 모이게 하면 쓸 재물이 풍족하다고 했다. 백공百工은 모든 장인匠人, 즉 물자의 생산을 담당하는 각 부문의 재주 있는 자들로, 통치자가 덕으로 정치를 행하면 이들은 자연히 그 밑으로 찾아 들어 일하게 될 것이니, 물자의 생산을 담당하는 모든 재주 있는 이들이 와서 모였는

데 재물이 풍족하지 않을 리 없다.

다음으로 먼 데 사람을 관대하고 부드럽게 대하면 사방에서 의지하여 온다고 했다. 인구와 영토는 국력의 주요 기반으로, 통치자는 항상 어떻게 하면 인구를 늘리고 영토를 넓힐 수 있을까 하는 것에 심혈을 기울였다. 이에 혹자는 무력으로 침공하여 인구와 영토를 귀속시키기도 하고 혹자는 패하여 자신과 나라만 망치기도 했었으니, 이는 옳은 방법이 아니다. 통치자가 선정을 베풀면 백성은 즐거이 믿고 따를 것이며 이역만리에서도 선정을 흠모하여 찾아오게 된다.

다음으로 제후를 포용하면 천하가 따른다고 했다. 제후는 천하 각 지역을 분할하여 통치권을 맡긴 책임자로, 천자가 이들을 포용과 화합을 원칙으로 통솔하면 천하가 따르게 된다.

凡爲天下國家有九經, 曰: 脩身也, 尊賢也, 親親也,
범위천하국가유구경 왈 수신야 존현야 친친야

敬大臣也, 體群臣也, 子庶民也, 來百工也, 柔遠人也, 懷諸侯也. 脩身則道立,
경대신야 체군신야 자서민야 래백공야 유원인야 회제후야 수신즉도립

尊賢則不惑, 親親則諸父昆弟不怨, 敬大臣則不眩, 體群臣則士之報禮重,
존현즉불혹 친친즉제부곤제불원 경대신즉불현 체군신즉사지보례중

子庶民則百姓勤, 來百工則財用足, 柔遠人則四方歸之, 懷諸侯則天下畏之.
자서민즉백성권 래백공즉재용족 유원인즉사방귀지 회제후즉천하외지

정결하게 재계하고 예복을 제대로 갖춰 입고 예에 맞지 않으면 움직이지 않는 것이 자신을 수양하는 길이요, 아첨하는 자를 물리치고 색을 멀리하며 재물을 가벼이 여기고 덕망을 귀하게 여기는 것이 현명한 이를 격려하는 길이요, 지위를 높이고 봉록을 두터이 해주며 좋아함과 싫어함을 함께하는 것이 친족을 친하게 대하는 것을 권려하는 길이요, 관속을 많이 두고 자율적으로 일을 맡기게 하는 것이 대신을 권려하는 길이요, 정성과 믿음을 가지고 봉록을 두터이 해주는 것이 인재를 권려하는 길이요, 시기를 맞춰 일을 시키고 세금을 가벼이 하는 것이 백성을 권려하는 길이요, 날로 살펴보고 달로 시험하여 능력에 걸맞게 봉록을 주는 것이 모든 재주 있는 이를 권려하는 길이요, 가는 이를 환송하고 오는 이를 환영하며 선한 이를 가상히 여기고 능력 없는 이를 가련히 여기는 것이 먼 데 사람을 관대하고 부드럽게 대하는 길이요, 끊어진 세대를 이어주고 망해가는 나라를 일으켜세워 주고 분란을 바로잡아주고 위급한 상황을 지탱하여 도와주고 때를 맞춰 문안하고 공물을 바치게 하고 내려주는 것은 두터이 하고 가져오는 것은 가볍게 하게 하는 것은 제후를 포용하는 길이다. 천하와 국가를 다스리는 데에는 아홉 가지 변함없는 법도가 있으니, 이를 행하는 길은 한 가지이다.

○ 자기 수양의 요체는 행실을 단정히 하는 것에 있음을 말한 것이다. 내면의 충실은 외면의 단정으로 드러나며, 외면의 단

정은 내면의 충실을 돕게 되니, 양자는 상호 보완의 관계에 있다. 겉만 번지르르하게 꾸민 것은 위선이요 가식이며, 외면이 단정하다 하여 그 자체가 내면의 충실을 의미하는 것은 아니다.

통치자의 주요 책무 중 하나는 인물의 현명함과 모자람을 알아보아 현명한 자를 가까이 하는 것에 있다. 현명한 자는 만사의 옳고 그름을 알기 때문에 귀에 거슬리는 소리를 많이 하게 마련이다. 따라서 비위를 잘 맞춘다 하여 아첨하는 자를 가까이하고 여색에 탐닉하거나 재물을 중히 여기는 것은 현명한 이가 오지 못하게 하는 것과 같으며 이는 자신 또한 끝없는 어리석음에 빠지는 길이다.

지위를 높이고 봉록을 두터이 해준다는 것은 친족에게 특혜를 주거나 이권을 넘기는 따위를 말하는 것이 아니다. 친족은 가장 친애해야 하므로 그만큼 대우를 잘 하고 두터이 보살피라는 것이다. 또한 선을 좋아하고 악을 싫어하는 것을 같이 하라고 했으니, 중점은 여기에 있다.

대신은 통치자를 직접 보필하는 중책을 맡은 이로, 통치자 못지않은 중대한 업무가 많이 쌓인다. 따라서 대신은 이런 중대한 일들을 직접 관장하고 그 외 세세한 일은 아래 관속들을 많이 두어 맡긴다. 통치자는 이런 것에 일일이 간섭하지 않고 대신을 믿고 재량껏 하게 한다면 대신 역시 고무되어 정성으로 나라 일을 돌보고 통치자를 보필할 것이라는 말이다.

사士는 지위는 높지 않지만 학문과 식견을 가진 인재를 말한다. 통치자는 유능하고 식견 있는 인재를 발탁하고 대우하여 높은 자리에 앉히는 것이 통치를 잘하는 첩경이다. 이를 위해서는 주위에 인재가 많이 모여들게 해야 한다. 지위가 낮다고 업신여기고 대우를 박하게 하면 인재는 흩어지게 된다.

시기 맞춰 일을 시킨다는 것은 백성 인력 징발은 생업에 지장이 없도록 농번기를 피해 농한기에 하라는 말이다.

날로 살펴보고 달로 시험한다는 것은 장인匠人의 성과와 기술을 수시로 검토한다는 말이다.

천하 각국을 통치하는 자가 제후요, 제후는 천자가 통솔한다. 따라서 천자는 제후국에 위급한 상황이 발생하면 도와주고, 제후국이 잘못을 범하면 정벌하여 바로잡아 천하 평화를 유지해야 하는 책임이 있다. 후손이 끊길 지경에 처해 있으면 적절한 혈통을 찾아서 이어주고, 타국의 침략을 받아 위험에 처해 있으면 달려가 구해주기도 한다.

이제까지 자신을 수양하고, 현명한 이를 존중하고, 친족을 친히 하고, 대신을 공경하고, 신하를 몸소 살피고, 서민을 자식처럼 돌보고, 모든 재주 있는 이를 와서 모이게 하고, 먼 데 사람을 관대하고 부드럽게 대하고, 제후를 포용하는 등의 정치를 실행함으로써 얻게 되는 효과와 실행 방법의 일단을 제시하고 나서 결론으로 다시 한 번 천하와 국가를 다스리는 데 아홉 가지 변함없는 법도가 있음을 말하고 이를 행하는 길은 또한 한 가지라고 했다. 이는 천하와 국가를 통치하는 일도 결국 인仁의 정신을 실현하는 것에서 비롯됨을 말한 것으로, 그 길은 진실무망이다.

---

齊明盛服, 非禮不動, 所以脩身也. 去讒遠色, 賤貨而貴德, 所以勸賢也.
재명성복 비례부동 소이수신야 거참원색 천화이귀덕 소이권현야

尊其位, 重其祿, 同其好惡, 所以勸親親也. 官盛任使, 所以勸大臣也.
존기위 중기록 동기호오 소이권친친야 관성임사 소이권대신야

忠信重祿, 所以勸士也. 時使薄斂, 所以勸百姓也. 日省月試, 旣禀稱事,
충신중록 소이권사야 시사박렴 소이권백성야 일성월시 기품칭사

所以勸百工也. 送往迎來, 嘉善而矜不能, 所以柔遠人也. 繼絶世, 擧廢國,
소이권백공야 송왕영래 가선이긍불능 소이유원인야 계절세 거폐국

治亂持危, 朝聘以時, 厚往而薄來, 所以懷諸侯也. 凡爲天下國家有九經,
치란지위 조빙이시 후왕이박래 소이회제후야 범위천하국가유구경

所以行之者一也.
소이행지자일야

모든 일은 미리 대비되어 있으면 이루어지고, 미리 대비되어 있지 않으면 실패한다. 말에 미리 정해지면 폐지되지 않고, 일에 미리 정해지면 곤경에 처하지 않고, 행동에 미리 정해지면 후회하지 않고, 길에 미리 정해지면 궁하지 않는다.

○ 말하고, 일하고, 행동하고, 길을 가는 등 어떤 순간에도 이제까지 언급했던 다섯 가지 달도達道, 세 가지 달덕達德, 아홉 가지 상도常道가 미리 바탕에 갖추어져 있으면 실패하거나 곤경에 처하지 않고 후회하거나 갈 길이 막히지 않는다는 말이다.

처음 읽는 대학·중용

凡事豫則立, 不豫則廢. 言前定則不跲, 事前定則不困, 行前定則不疚,
범사예즉립 불예즉폐 언전정즉불겁 사전정즉불곤 행전정즉불구

道前定則不窮.
도전정즉불궁

낮은 자리에 있으면서 윗사람에게 신임을 얻지 못하면 백성을 다스릴 수 없다. 윗사람에게 신임을 얻는 것에 도가 있으니, 벗에게 신임을 받지 못하면 윗사람에게 신임을 얻지 못한다. 벗에게 신임을 받는 것에 도가 있으니, 부모 마음에 들지 않으면 벗에게 신임을 받지 못한다. 부모 마음에 드는 것에 도가 있으니, 자신을 돌이켜보아 진실무망하지 않으면 부모 마음에 들지 못한다.

○ 관직에도 높은 자리가 있고 낮은 자리가 있다. 낮은 자리에 있는 사람은 직접 백성과 접촉하며 정무를 수행하는 사람으로, 백성을 이끌어 상부의 시책에 호응하게 할 책임과 의무가 있으니, 백성을 다스린다 함은 이를 두고 한 말이다. 그런데 백성을 다스리기 위해 미리 갖추어야 할 것이 있으니, 그것은 바로 윗사람에게 신임을 얻는 것이다. 윗사람에게 신임을 얻고 있음을 보여야만 백성 역시 그를 믿고 따르기 때문이다. 윗사람에게 신임을 얻는 것은 비위를 맞추며 아부하는 것으로 되지 않으니, 여기에도 또한 미리 갖추어야 할 것이 있다.

윗사람에게 신임을 얻기 위해 갖추어야 할 것은 바로 벗들에게 신임을 받는 것이다. 벗들에게 신임을 받는다는 것은 그 사람의 인간됨이 성실하고 거짓이 없음을 말해주는 것으로, 그의 좋은 평판이 자연히 세상에 퍼지게 된다. 그런데 벗들에게 신임을 받는 것은 무작정 영합하여 어울리고 노는 것을 말함이 아니다. 여기에도 또한 미리 갖추어야 할 것이 있다.

벗들에게 신임을 받으려면 부모의 뜻을 잘 따름으로써 부모의

제20장 정치와 수양의 근본

마음에 들어야 한다. 부모의 마음에 든다는 것이 옳지 못한 뜻도 그대로 따라 해서 마음에 들어야 한다는 말은 물론 아니다. 부모의 인정을 받는다는 것은 또한 집안에서의 행실이 바르고 성실하다는 말이기도 하니, 집안에서의 행실이 바르지 않은데 밖에서 남에게 인정받는 일은 결코 없기 때문이다. 부모의 인정을 받기 위해 또한 미리 갖추어야 할 것이 있다.

성誠의 의미가 정확히 무엇인지에 대해서는 의견이 분분하다. 주희는 성誠이란 진실무망眞實無妄, 즉 진실되어 거짓이 없는 것이라고 하고, 이는 하늘의 이치의 본래 모습이라고 말했다. 주희의 풀이가 가장 친근하기 때문에 여기서는 주희의 풀이를 따른다.

백성을 다스리려면 윗사람의 신임을 얻어야 하고, 윗사람의 신임을 얻으려면 벗의 신임을 받아야 하고, 벗의 신임을 받으려면 부모의 마음에 들어야 하고, 부모의 마음에 들려면 자신을 돌이켜보아 진실무망 해야 한다고 하여, 근본을 캐고 들어가 보면 결국 진실무망, 즉 자신의 수양이 근본임을 말했다. 다음에 한 가지 조목을 더하여 선善에 밝아야 한다는 말을 하고 있지만, 사실 이후의 논의는 성誠, 즉 진실무망을 중심으로 전개된다.

在下位不獲乎上, 民不可得而治矣. 獲乎上有道, 不信乎朋友, 不獲乎上矣.
재하위불획호상 민불가득이치의 획호상유도 불신호붕우 불획호상의

信乎朋友有道, 不順乎親, 不信乎朋友矣. 順乎親有道, 反諸身不誠,
신호붕우유도 불순호친 불신호붕우의 순호친유도 반제신불성

不順乎親矣. 誠身有道, 不明乎善, 不誠乎身矣.
불순호친의 성신유도 불명호선 불성호신의

# 09

진실무망은 하늘의 도이고, 진실무망하려고 하는 것은 사람의 도이다. 진실무망한 자는 애쓰지 않아도 맞게 되고, 생각하지 않아도 얻게 되고, 저절로 도에 합치되니, 성인의 경우요, 진실무망하려고 하는 자는 선을 선택하여 굳게 잡는 자이다.

---

○ 성誠이 하늘의 도라는 것은 진실무망이 하늘의 이치 본연의 모습이라는 말이다. 성誠하려고 하는 것이 사람의 도라는 것은 사람이 아직 진실무망하지 못하니 진실무망하려고 노력하는 것이 사람으로서 당연히 해야 할 도리라는 말이다.

하늘은 가득 차고 끝이 없어 온갖 이치가 갖추어져 있으면서 그 본체는 하나이니, 그것은 바로 진실무망이다. 낮이 가면 밤이 오고, 달이 지면 해가 뜨고, 춘하추동 사계절이 어김없이 찾아오고, 하늘을 나는 것, 물속을 헤엄치는 것, 산에서 나는 것, 들에서 나는 것, 천지의 크고 작은 모든 만물이 제각기 자기의 성性을 받아, 나고 자라고 변하고 사라지는 것이 끝 모를 세월 동안 쉬지 않고 한 치도 어김이 없이 계속되고 있으니, 이것이 바로 하늘의 도가 진실무망한 모습인 것이다. 그리고 이 진실무망을 실현할 가능성을 타고났음을 깨달아 끊임없이 노력하는 것이 바로 인간의 본연의 모습인 것이다.

성인聖人의 덕에는 하늘의 이치가 그대로 담겨 있어 진실무망하니, 모든 생각과 행동거지에 있어 굳이 도를 지키려고 애쓰지 않아도 저절로 도에 맞게 된다. 성인의 덕은 바로 하늘의 이치 자체이기 때문이다. 보통 사람에게는 인간의 사사로운 욕심이 가로막고 있어 하늘의 이치를 아는 것을 방해하니, 성인의 덕을 쌓으려면 오직 선을 선택하여 굳게 잡고 지키는 길 뿐이다. 굳게 잡는다는 것은 진실무망하려는 의식적인 노력이 필요하다는 말로, 비록 아직 저절로 도에 맞는 성인의 경지에 이르지는 못했지만, 선을 선택하여 굳게 지킴으로 인해 궁극적으로 성인의 경지에 이를 수 있다는 말이다. 다시 말하면, 천하 만물이 있게 된 근원은 하늘이요, 하늘의 본연의 모습은 진실무망이요, 진실무망에 도달하는 것이 인간의 이상적 모습이라는 것이다.

---

처음 읽는 대학·중용

誠者, 天之道也. 誠之者, 人之道也. 誠者不勉而中, 不思而得, 從容中道,
성자 천지도야 성지자 인지도야 성자불면이중 불사이득 종용중도

聖人也. 誠之者, 擇善而固執之者也.
성인야 성지자 택선이고집지자야

# 10

널리 배우고, 자세히 묻고, 신중히 생각하고, 분명히 판별하고,
독실히 실행하라.

---

○ 진실무망에 이르는 방법과 태도를 말한 것으로, 학문의 방
법과 태도이기도 하다. 널리 배우고, 자세히 묻고, 신중히 생각
하고, 분명히 판별하는 것은 선을 알기 위한 방법이요, 독실히
실행하는 것은 선을 선택하여 굳게 지키는 것을 말한다. 정자
程子는 다섯 가지 중 하나라도 빠뜨리면 학문이 아니라고 말했
으니, 옛사람들의 학문의 목적은 바로 알고 실행하는 것에 있
었다. 알기만 하고 실행하지 않는 것은 진정한 학문이 아니라
고 보았던 것이다.

---

博學之, 審問之, 愼思之, 明辨之, 篤行之.
박학지 심문지 신사지 명변지 독행지

# 11

배우지 않는 경우는 있을지언정, 배울 바에는 능숙해지지 않으면 그만두지 않으며, 묻지 않는 경우는 있을지언정, 물을 바에는 알게 되지 않으면 그만두지 않으며, 생각하지 않는 경우가 있을지언정, 생각할 바에는 얻게 되지 않으면 그만두지 않으며, 판별하지 않는 경우가 있을지언정, 판별할 바에는 분명하지 않으면 그만두지 않으며, 행하지 않는 경우가 있을지언정, 행할 바에는 독실하지 않으면 그만두지 않아서, 남이 한 번에 능하거든 자기는 백 번을 하고, 남이 열 번에 능하거든 자기는 천 번을 하라. 과감히 이 도를 잘 실행할 수 있다면, 비록 우매한 자라 해도 반드시 현명하게 될 것이요, 비록 유약한 자라 해도 반드시 강하고 굳세게 될 것이다.

---

○ 앞에서 제시한 다섯 가지 학문하는 방법의 철저한 이행을 강조하고 있다. 그래서 차라리 배우지 않으면 몰라도 일단 배우기 시작했으면 끝까지 알지 않으면 그만두지 말아야 한다고 말한 것이다. 마찬가지로, 차라리 묻지 않으면 몰라도 일단 모르는 것이 있어 물었으면 끝까지 알지 않으면 그만두지 말아야 한다는 말이다.

세 번째로, 신중히 생각하라고 했으니, 무엇을 알기 위하여 생각한다면 그것을 알기 전에는 생각하는 것을 그만둘 수 없다는 말이다. 네 번째로, 분명히 판별하라고 했으니, 시비와 진위를 판별하게 되어서도 분명히 판별하게 되기 전까지는 그만둘 수 없다는 말이다.

다섯 번째로, 아는 것의 마지막 완성은 철저히 실행하는 것에

처음 읽는 대학·중용

있다고 했다. 실천이 없는 이론은 공허한 것이며 무의미하다. 따라서 남이 한 번에 했다면 나는 백 번을 더해서라도, 남이 열 번에 했다면 나는 천 번을 더해서라도 철저를 기해야 한다는 말이다.

다섯 가지 학문하는 방법을 철저히 이행하고자 할 때 과단성과 지속성이 무엇보다 중요한 것임을 강조한 말이다. 사람이면 누구나 진실무망의 가능성을 부여받고 태어났으되, 이를 발현하지 못하는 이유는 혼탁한 기질을 타고나서 본연의 성을 가리기 때문으로, 우매한 자나 유약한 자는 특히 심한 경우라고 할 수 있다. 그러나 그들도 용기를 가지고 끊임없이 널리 배우고, 자세히 묻고, 신중히 생각하고, 분명히 판별하고, 독실히 실행하면 성인의 경지에 도달할 수 있다는 것이다.

有弗學, 學之弗能弗措也. 有弗問, 問之弗知弗措也. 有弗思,
유불학 학지불능불조야 유불문 문지불지불조야 유불사

思之弗得弗措也. 有弗辨, 辨之弗明弗措也. 有弗行, 行之弗篤弗措也.
사지불득불조야 유불변 변지불명불조야 유불행 행지불독불조야

人一能之己百之, 人十能之己千之. 果能此道矣, 雖愚必明, 雖柔必强.
인일능지기백지 인십능지기천지 과능차도의 수우필명 수유필강

# 제21장

# 선善으로 밝아지다

진실무망함으로 말미암아 선善에 밝아지는 것을 성性이라고 하며, 선에 밝아지는 것으로 말미암아 진실무망하게 되는 것을 교敎라고 한다. 진실무망하면 선에 밝아지고, 선에 밝아지면 진실무망하게 된다.

---

○ 진실무망은 본연의 모습으로, 이른바 생이지지生而知之, 즉 나면서 아는 것에 해당하니, 따라서 성性이라고 했다. 선에 밝아지는 것은 사람의 도리로, 이른바 학이지지學而知之, 즉 배워서 아는 것에 해당하니, 따라서 교敎라고 했다. 다시 말하면, 진실무망함으로 말미암아 선에 밝아진다는 것은 진실무망 그 자체를 말하는 것이요, 선에 밝아지는 것으로 말미암아 진실무망하게 된다는 것은 진실무망하려고 노력하는 것을 말하는 것이다. 그런데 양자는 비록 순서의 차이는 있을지언정 그 궁극적 도달점은 같다고 말했다. 사람마다 기질의 차이가 있고 시기의 선후가 있겠지만 선천적이든 쉬지 않는 노력을 통하든 선에 밝고 진실무망하게 된다는 결과는 마찬가지라는 것이다.

---

自誠明, 謂之性. 自明誠, 謂之敎. 誠則明矣, 明則誠矣.
자성명 위지성 자명성 위지교 성즉명의 명즉성의

# 제22장

# 천지와 함께
# 나란히 서다

오직 천하의 지성이어야 그 성性을 극진히 할 수 있으니, 그 성
性을 극진히 할 수 있으면 타인의 성性을 극진히 할 수 있을 것
이요, 타인의 성을 극진히 할 수 있으면 만물의 성을 극진히 할
수 있을 것이요, 만물의 성을 극진히 할 수 있으면 천지가 만물
의 변화와 생육을 주관하는 것을 도울 수 있을 것이요, 천지가
만물의 변화와 생육을 주관하는 것을 도울 수 있으면 천지와 함
께 나란히 설 수 있게 될 것이다.

○ 지성至誠은 진실무망의 지극한 경지를 말하는 것으로, 이는
한편으로 지성至聖, 즉 지극한 성인의 경지와 통한다. 진실무
망의 지극한 경지라야 하늘이 부여한 성性을 극진히 실현할 수
있음을 말한 것이다. 성의 극진한 실현은 또한 인仁의 극진한
실현을 의미한다.

진실무망의 지극한 경지로 자신의 성性을 극진히 실현하면 타
인과 만물에까지 미치게 되는 것을 말했다. 즉, 자신의 성을 극
진히 실현하면 이는 자신의 선에서 그치는 것이 아니라 타인
이 제각각 그들의 성을 극진히 실현할 수 있도록 도와줄 수 있
게 되고, 이는 또한 사람의 선에서 그치는 것이 아니라 초목과
금수를 비롯한 천하 만물이 제각각 하늘이 부여한 성을 온전
히 실현할 수 있도록 도와줄 수 있게 된다는 말이다. 이는 가까
운 것에서 비롯하여 먼 것으로 나아가는 인의 실현 과정을 말
한 것으로, 인의 궁극적 도달점은 천하 만물에 이르는 것이다.
자신의 성을 극진히 실현하고 나아가 만물의 성을 극진히 실
현하게 한다는 것은 하늘의 도가 이미 자신에게 갖추어져 있

음을 말하는 것으로, 이에 하늘이 만물의 변화와 생육을 주관하는 것을 도울 수 있게 된다는 말이다.

성의 극진한 실현은 나로부터 비롯하여 모든 인간과 천하 만물에 이르는 것으로, 천하 만물에 이르게 되면 천하 만물이 나고, 자라고, 변하고, 소멸하는 것을 한 치의 어김과 거짓도 없이 실현하는 천지의 위대한 작업에 짝하는 것이니, 이는 바로 천지와 함께 나란히 서는 것이다.

唯天下至誠, 爲能盡其性. 能盡其性, 則能盡人之性. 能盡人之性,
유천하지성 위능진기성 능진기성 즉능진인지성 능진인지성

則能盡物之性. 能盡物之性, 則可以贊天地之化育. 可以贊天地之化育,
즉능진물지성 능진물지성 즉가이찬천지지화육 가이찬천지지화육

則可以與天地參矣.
즉가이여천지참의

# 제23장

# 지성에 이르는 길

지성에 이르는 차선의 방법은 어느 한 덕목을 극진히 실현하는 것이다. 세세한 어느 한 덕목에도 진실무망은 있을 수 있으니, 진실무망하면 형체가 나타나고, 형체가 나타나면 뚜렷해지고, 뚜렷해지면 밝아지고, 밝아지면 움직이고, 움직이면 변하고, 변하면 지성으로 승화하니, 오직 천하의 지성만이 승화하게 할 수 있다.

○ 앞에서 말한 천하의 지성만이 나를 비롯하여 천지 만물에 이르기까지 저마다 성을 실현할 수 있게 함으로써 천지의 도와 짝한다고 한 것은 성인聖人의 경지를 말한 것으로, 보통 사람이 처음부터 이와 같기는 쉽지 않다. 따라서 치곡致曲을 말한 것이니, 치곡은 지성의 차선으로, 인仁·의義·예禮·지智 또는 효孝·제悌·충忠·신信 등 어느 한 덕목을 극진히 실현하는 것이다. 이들 하나하나에도 진실무망이 깃들어 있으니 이를 확충해 나가면 지성에 도달하게 된다는 말이다.

하나의 덕목을 체득하여 온전히 실현하고 이를 점차적으로 확충해 나가면, 지성의 형체가 나타나고, 나타나면 뚜렷해지고, 뚜렷해지면 밝아지고, 밝아지면 움직이고, 움직이면 변하고, 변하면 승화한다는 것이니, 이는 시기에 빠름과 늦음이 있고 방법에 전체와 일단의 차이가 있을 뿐 궁극적으로 도달하는 경지는 한결같다는 말이다.

其次致曲, 曲能有誠, 誠則形, 形則著, 著則明, 明則動, 動則變, 變則化,
기차치곡 곡능유성 성즉형 형즉저 저즉명 명즉동 동즉변 변즉화

唯天下至誠爲能化.
유천하지성위능화

# 제24장

# 신과 같은
# 지성의 도道

지성의 도를 통해 앞일을 미리 알 수 있다. 국가가 장차 흥성하려 하면 반드시 좋은 징조가 있고, 국가가 장차 멸망하려 하면 반드시 나쁜 징조가 있어, 시초와 거북의 점에 나타나고 사지에 움직임으로 나타난다. 화나 복이 장차 이르려고 하니 선한 것을 반드시 먼저 알고, 선하지 않은 것을 반드시 먼저 아니 그러므로 지성은 신과 같다.

○ 지성의 도를 성취하면 이를 통해 앞일을 미리 예측할 수 있다는 말로, 좋은 징조나 나쁜 징조가 시초나 거북의 점 또는 사지에 나타난다고 했다. 시초는 장수하는 풀이요, 거북은 장수하는 동물로, 모두 영물靈物이라 하여 옛날에 점치는 데 이용되었다. 주역周易의 점을 칠 때 시초의 줄기를 이용한 것이 시초 점의 예이고, 상商나라의 유적에서 발굴된 갑골문甲骨文이 거북점의 예이다. 거북점은 거북이의 배 껍질에 점의 내용을 기재하고 불에 구워 균열 상태를 보고 길흉화복을 판단한 것이다. 사지에 나타난다는 것에 대해 혹자는 거북이의 사지에 나타난다고 보았고 혹자는 사람의 행동거지에 나타난다고 보았다.

어쨌든 이 내용은 점을 치고 앞일을 예측할 수 있다는 등 미신적인 요소가 들어가 있어서, 이제까지 인간은 하늘의 성선을 타고났으므로 후천적인 수양 여하에 따라 누구든지 성인의 경지에 도달할 수 있다고 일관되게 주장하고 있는《중용》의 내용과 배치되는 면이 있다. 다만 지성의 도에 도달하는 것이 그만큼 이상적이고 위대함을 강조하는 것으로 이해하고 넘어가는 것이 좋을 것이다.

일단 이 절의 의미를 앞 절과 더불어 정리하면, 지성은 만물을 싣고 덮는 천지天地의 덕에 짝하는 경지에 오른 것이므로 기氣의 운행과 흐름을 알게 되니, 국가의 흥망이나 인간의 길흉화복이 장차 닥치려 하면 그 몸이 먼저 느끼고 움직여 알지 못할 것이 없다는 말로, 이 점에서 지성은 신과 같다는 말이다.

至誠之道, 可以前知. 國家將興, 必有禎祥. 國家將亡, 必有妖孼. 見乎蓍龜,
지성지도 가이전지 국가장흥 필유정상 국가장망 필유요얼 현호시구

動乎四體. 禍福將至. 善, 必先知之. 不善, 必先知之. 故至誠如神.
동호사체 화복장지 선 필선지지 불선 필선지지 고지성여신

# 제25장

# 자기를 이루는 인仁,
# 만물을 이루는 지知

진실무망은 스스로 이루고, 도는 스스로 이끈다. 진실무망은 만물의 끝이요 시작이니, 진실무망하지 않으면 만물이 없게 된다. 그러므로 군자는 진실무망을 귀하게 여긴다. 진실무망은 저절로 자기를 이루게 할 뿐만 아니라 만물을 이루게 하는 것이다. 자기를 이루는 것은 인仁이요, 만물을 이루는 것은 지智이다. 이는 성性의 덕으로 내아와 외물을 하나로 합하는 도이니, 그러므로 때에 맞게 행하여 마땅함을 얻는다.

○ 진실무망은 천도 본연의 모습이다. 여기서 성誠은 하늘의 경우를 말한 것이고, 도道는 사람의 경우를 말한 것이다. 하늘이 만물을 이루어 가는 원리가 진실무망이며 잠시도 쉬지 않고 끝없이 저절로 이루어지기 때문에 스스로 이룬다는 것이다. 또한 인간이 하늘로부터 부여받은 것은 성性이며 이를 따르는 것이 도라고 했다. 그런데 성性은 바로 천도의 모습이 그대로 만물에게 주어진 것이기 때문에 성을 따른다는 것, 즉 도는 진실무망을 발현하는 것이다. 따라서 진실무망을 발현하는 도 역시 스스로 이끈다는 것이다.

천하의 만물이 모두 진실무망의 원리에 의해 생성 소멸하는 것이므로 진실무망의 원리에 의하지 않으면 생성도 없고 소멸도 없다. 따라서 만물의 끝이요 시작이라고 한 것이다. 사람이 외물을 인식하고 수용하는 감각적인 일에서부터 부모에 효도하고, 형제를 사랑하고, 친구를 사귀고, 윗사람을 공경하는 정신적인 것에 이르기까지 자신의 내면에 주체적인 진실이 없다면 이는 모두 껍데기에 불과하다. 그러므로 진실무망하지 않

처음 읽는 대학·중용

으면 만물이 없다고 한 것이다.

자기는 주체를 말하며 만물은 객체를 말한다. 진실무망이 저절로 자기를 이루게 한다는 것은 자기에게 부여된 진실무망의 자질을 체득하여 완전한 주체로서의 자기 자신을 성취한다는 말이다. 그러나 완전한 주체의 확립으로만 끝나지 않는다. 완전한 주체를 확립한 바탕 위에 타인을 비롯한 만물 역시 각기 자기 주체를 확립하여 진실무망으로 나아갈 수 있도록 발현 확충하는 것이 진실무망의 본연의 모습이다. 즉, 주체와 객체가 하나로 나아가는 것을 말한다.

자기를 이루는 것이 인仁이요 만물을 이루는 것이 지智라고 했으니, 이는 본체와 운용의 측면에서 말한 것이다. 진실무망을 통해 자기 주체를 이룩한 것은 본체이고, 자기 주체를 이룩하는 것에서 그치지 않고 만물도 함께 성취시켜 각기 마땅함을 얻도록 확충하는 것은 운용이다. 이것이 성性을 자각하고 실현하여 확충하는 것이다. 때에 맞게 행하여 마땅함을 얻는다는 것은 앞에서 말한 군자의 중용, 즉 시중時中을 일컫는다.

誠者自成也, 而道自道也. 誠者物之終始, 不誠無物. 是故君子誠之爲貴.
성자자성야 이도자도야 성자물지종시 불성무물 시고군자성지위귀

誠者非自成己而已也, 所以成物也. 成己, 仁也. 成物, 知也. 性之德也,
성자비자성기이이야 소이성물야 성기 인야 성물 지야 성지덕야

合外內之道也, 故時措之宜也.
합외내지도야 고시조지의야

# 제26장

# 하늘과 땅의 도道

그러므로 지성은 쉼이 없으니, 쉬지 않으면 오래가고, 오래가면 징험되고, 징험되면 멀리 퍼지고, 멀리 퍼지면 넓고 두터워지고, 넓고 두터워지면 높고 밝아진다. 넓고 두터움은 만물을 싣는 것이요, 높고 밝음은 만물을 덮는 것이요, 멀리 퍼지고 오래 감은 만물을 이루는 것이다. 넓고 두터움은 땅과 짝하고, 높고 밝음은 하늘과 짝하고, 멀리 퍼지고 오래 감은 무궁함이다. 이와 같은 것은 드러내지 않아도 밝게 드러나고, 움직이지 않아도 변화하며, 작위함이 없어도 이루어진다. 하늘과 땅의 도는 한 마디로 다 말할 수 있으니, 그 실체는 둘이 아닌 오직 진실무망 하나로 되 헤아릴 수 없이 만물을 낳게 한다. 하늘과 땅의 도는 넓고, 두텁고, 높고, 밝고, 멀리 퍼지고, 오래간다.

○ 지성은 하늘의 도와 같다. 따라서 하늘의 도가 만물을 통섭하는 것이 한 순간도 쉬지 않고 끊임없이 작용하듯 지성 또한 쉼이 없다는 말이다. 쉼이 없는 지성의 도가 점차 발현 확충됨으로써 결국 천지와 하나가 되는 과정을 말하고 있다. 지성의 도가 끊임없이 구현되면 유구하게 지속되고, 유구하게 지속되면 멀리까지 다다르고, 멀리까지 다다르면 넓고 두터워지고, 넓고 두터워지면 높고 밝아진다.

이는 지성의 도가 천지의 화육에 참여하여 결국 천지와 나란히 서게 되는 과정을 말한 것이다. 즉, 지성의 도가 넓고 두텁게 구현되는 것은 대지가 그 위에 천하의 만물을 싣고 있는 것과 같으며, 높고 밝게 구현되는 것은 하늘이 그 밑에 천하의 만물을 덮고 있는 것과 같으며, 유구하게 지속되는 것은 하늘의 도가 끊임없이 만물을 나고 자라고 변하고 소멸하게 하는 것과 같다는 말이다.

지성의 도가 구현되는 공간의 무한성과 시간의 영원성을 말한 것이다. 하늘과 땅은 그 사이에 만물을 싣고 덮고 있는 우주 전체를 말하며, 유구함은 쉴 새 없이 지속되는 시간의 영원성을 말한 것이니, 지성의 넓고 두터움과 높고 밝음과 무궁함이 이와 같다는 말이다.

드러내지 않아도 밝게 드러난다는 것은 사물이란 겉으로 내보임으로써 밝게 드러나지만 일부러 겉으로 내보이려고 하지 않아도 저절로 밝게 드러나는 것이 있다는 말로, 바로 땅이 만물을 싣고 있어 내보이려고 하지 않아도 훤히 드러남을 말한 것이다.

움직이지 않아도 변화한다는 것은 사물이란 직접 움직임으로써 그 변하는 모습이 나타나는 법이지만 직접 움직이지 않아도 저절로 변화하는 모습이 나타나는 것이 있다는 말로, 바로 하늘이 만물을 덮고 있어 직접 움직이지 않으면서 만물이 변화하는 것을 말한 것이다.

작위함이 없어도 이루어진다는 것은 모든 일이 실제로 만지고 다듬는 작위가 있어야 이루어지는 법이지만 실제로 만지고 다듬는 등의 작위가 없어도 이루어지는 것이 있다는 말로, 바로 지성의 무궁한 운행이 만사를 이루게 함을 말한 것이다.

우주 만물을 싣고 덮어 통괄하는 하늘과 땅의 도는 복잡한 듯 보이지만 사실 한마디로 포괄할 수 있다고 했다. 하늘과 땅의 도는 그 실체가 둘이 아닌 오직 진실무망 하나이되 그 작용이 만물을 생성시키는 것은 헤아릴 수 없다는 것이다.

故至誠無息. 不息則久, 久則徵, 徵則悠遠, 悠遠則博厚, 博厚則高明. 博厚,
고지성무식 불식즉구 구즉징 징즉유원 유원즉박후 박후즉고명 박후

所以載物也. 高明, 所以覆物也. 悠久, 所以成物也. 博厚配地, 高明配天,
소이재물야 고명 소이복물야 유구 소이성물야 박후배지 고명배천

悠久無疆. 如此者, 不見而章, 不動而變, 無爲而成. 天地之道, 可一言而盡也.
유구무강 여차자 불견이장 부동이변 무위이성 천지지도 가일언이진야

其爲物不貳, 則其生物不測. 天地之道, 博也, 厚也, 高也, 明也, 悠也, 久也.
기위물불이 즉기생물불측 천지지도 박야 후야 고야 명야 유야 구야

지금 저 하늘은 조그맣게 반짝반짝하는 것이 많이 모여 이루어져 있다지만 그 무궁함에 이르러서는 해·달·별이 매달려 있고, 만물이 덮여 있고, 지금 저 땅은 한 줌 흙이 많이 모여 이루어져 있다지만 그 넓음과 두터움에 이르러서는 화산과 악산을 싣고 있어도 무겁지 않고, 강물과 바다를 담고 있어도 새지 않고, 만물이 실려 있고, 지금 저 산은 자그마한 돌멩이가 많이 모여 이루어져 있다지만 그 광대함에 이르러서는 초목이 자라고, 온갖 짐승이 살고 있고, 감춰진 보물이 발굴되고, 지금 저 물은 한 국자만큼 작은 물이 많이 모여 이루어져 있다지만 그 깊고 넓어 헤아릴 수 없음에 이르러서는 큰 자라·악어·뿔 없는 용·물고기·자라 등이 자라고, 재화가 자라난다.

---

○ 첫 번째는 지성의 도가 끝없이 발현되어 높고 밝으면서 만물을 덮고 있는 하늘을 이룬 것을 말했다. 하늘은 애초에 반짝이는 조그만 것이 모여서 이루어졌지만 올라가도 올라가도 끝이 없는 높음을 이루었고, 조그만 밝음이 끝없이 쌓이고 쌓여 만물을 비추고도 남을 해와 달과 별이 이루어졌다는 말이다. 두 번째는 지성의 도가 끝없이 발현되어 넓고 두터우며 만물을 싣고 있는 땅을 이룬 것을 말했다. 땅을 이룬 것은 한줌의 흙이요 한줌의 흙 또한 무수한 작은 모래 알갱이가 모인 것이지만, 이것이 쌓이고 쌓여 거대한 화산과 악산이 이루어졌으되 무겁다고 사양하지 않고, 드넓은 강과 바다를 담고 있으되 한 방울의 물도 새지 않으면서, 그 안에 또한 만물을 싣고 있다는 말이다.

이와 같이 계속해서 지성의 도가 끝없이 발현되어 세 번째는 넓고 큰 산을 이루고 네 번째는 깊고 넓은 물을 이룬 것을 말했다. 이상의 과정은 적소성대積小成大, 즉 작은 것이 쌓여 큰 것을 이루는 진실무망의 쉬지 않는 작용을 말한 것이다. 이것이 천지 사이를 주재하는 도이며 도의 끊임없는 작용으로 만물이 쉬지 않고 생성된다는 말이다.

今夫天, 斯昭昭之多, 及其無窮也, 日月星辰繫焉, 萬物覆焉. 今夫地,
금부천 사소소지다 급기무궁야 일월성신계언 만물복언 금부지

一撮土之多, 及其廣厚, 載華嶽而不重, 振河海而不洩, 萬物載焉. 今夫山,
일촬토지다 급기광후 재화악이부중 진하해이불설 만물재언 금부산

一卷石之多, 及其廣大, 草木生之, 禽獸居之, 寶藏興焉. 今夫水, 一勺之多,
일권석지다 급기광대 초목생지 금수거지 보장흥언 금부수 일작지다

及其不測, 黿鼉·蛟龍·魚鱉生焉·貨財殖焉.
급기불측 원타 교룡 어별생언 화재식언

《시경》의 시에서 "아아 하늘의 명 심원하여 그치지를 않는구나"라고 하였으니, 이는 바로 하늘이 하늘인 까닭을 말한 것이다. "아아 뚜렷하지 않으리오, 문왕의 덕 순수하고 한결같네"라고 하였으니, 문왕에게 문文이라는 시호를 붙인 까닭을 말한 것으로, 역시 순수하고 한결같아 그치지 않음을 말한 것이다.

---

○《시경》주송周頌〈유천지명維天之命〉편의 시다. 여기서 하늘의 명이란 만물의 생육을 주관하는 하늘의 도, 즉 진실무망의 작용을 말한다. 만물 변화와 우주 운행의 진리가 구현된 하늘을 본받을 것을 노래했다.

두 번째 역시 같은 편으로, 문왕의 덕을 찬미한 시다. 문왕의 이름은 창昌으로, 문왕이라는 호칭은 시호이다. 시호는 왕이나 대신이 세상을 떠난 후 고인의 인품·덕망·학문·공적 등을 논단하여 부여하는 호칭이다. 순수하고 한결같은 덕이 밝게 드러났음을 찬미한 시를 인용하여 문왕에게 문文이라는 시호를 부여한 까닭을 설명한 것이다.

---

詩云: "維天之命, 於穆不已!" 蓋曰天之所以爲天也. "於乎不顯!
시운 유천지명 오목불이 개왈천지소이위천야 오호불현

文王之德之純!" 蓋曰文王之所以爲文也, 純亦不已.
문왕지덕지순 개왈문왕지소이위문야 순역불이

제27장

# 현명하고
# 지혜로운 덕성

크도다 성인의 도여, 광대하고 충만하게 만물을 발육케 하여, 그 높고 큼이 하늘에 닿았도다. 충만하고 위대해라 경례 삼백 조목과 곡례 삼천 조목이여, 그런 인물이 나타난 후에 행해진다. 그러므로 "진정 지극한 덕이 아니면 지극한 도는 이루어지지 않는다"고 했다. 그러므로 군자는 덕성을 존중하며 묻고 배우는 것을 길로 삼고, 넓고 큼에 이르되 정미함을 다하고, 높고 밝음을 다하되 중용의 길을 가고, 옛 것을 익혀 새 것을 알고, 돈후히 하여 예를 숭상한다. 그러므로 윗자리에 있어서는 교만하지 않고, 아랫사람이 되어서는 배반하지 않고, 나라에 도가 있으면 그의 말은 충분히 기용될 수 있고, 나라에 도가 없으면 그의 침묵이 충분히 용납될 수 있으니, 《시경》의 시에서 "현명하고 지혜로워, 그 자신을 보전하네"라고 한 것은 바로 이것을 말한 것이다.

○ 성인의 도는 순수하고 한결같은 진실무망을 말하는 것이다. 광대하고 충만하게 만물을 발육케 하여 그 높고 큼이 하늘에 닿았다는 것은 성인이 미세한 것에서부터 광대한 것에 이르기까지 한 치의 부족함도 없이 인간의 도를 온전히 실현하여 만물을 발육하는 천지의 공덕에 참여함으로써 천지와 짝하게 된다는 말이다.

성인의 경지는 인간의 도가 온전하게 실현되어 이루어진다. 인간의 도를 마름질하여 체계적으로 제시한 것이 경례經禮 삼백 조목과 곡례曲禮 삼천 조목이다. 이는 원래 인간 사회의 질서와 조화를 구현하기 위한 것이다. 예로부터 예禮가 중시된

처음 읽는 대학·중용

것은 이 때문이다. 즉, 성인의 경지에 도달하고 천지에 짝하기 위해서는 먼저 인간의 도를 정밀하고 방대하게 체계적으로 제시한 예를 따르고 실천에 옮기는 것이 중요했기 때문이다. 후대에는 지나치게 예를 중시하여 형식 일변도로 흐르는 폐단을 낳기도 했지만, 예를 제정한 근본 취지는 인간의 도리를 다하여 사회의 질서와 조화를 구현하려는 것에 있었다.

이어서 예의를 따지고 질서와 조화를 논하기 이전에 개인의 덕성이 역시 중요함을 말했다. 지극한 도란 성인의 도요 지성의 도를 말하는 것으로, 이를 체득하고 실현할 덕성을 갖추어야 한다는 말이다.

덕성을 존중하는 것은 나의 참된 마음을 존속시켜 도의 커다란 본체를 지극히 실현하는 것이요, 묻고 배우는 것을 길로 삼는 것은 나의 밖에 있는 온갖 사물의 이치를 따지고 터득해 감으로써 아는 것을 지극히 하여 도의 자세한 운용을 지극히 아는 것이다. 전자는 주관적 자아의 함양이요 후자는 객관적 대상의 탐구이다. 이 점에서 덕성을 존중하는 것은《대학》의 성의誠意·정심正心, 즉 뜻을 성실히 다지고 마음을 바르게 하는 것과 상통하며, 묻고 배우는 것을 길로 삼는 것은 격물格物·치지致知, 즉 만물의 이치를 따져 앎을 지극히 하는 것과 상통한다.

자아와 대상은 항상 상호 교류 관계에 있으며, 인간의 삶은 상호 교류 관계에 의해 전개된다. 따라서 삶의 완성을 위한 수양 문제는 결국 내적 자아를 향한 덕성 수양과 외적 대상을 향한 학문 수양으로 집약된다.

나라에 도가 있으면 그의 말이 충분히 기용될 수 있다는 말은 나라에 도가 있으면 백성과 만물을 위하는 군자의 정책이 받아들여지지 않을 리 없으므로 군자는 높은 지위에 오르게 된다는 말이다. 나라에 도가 없으면 침묵이 충분히 용납될 수 있다는 말은 나라에 도가 없으면 백성과 만물을 위하는 군자의 정책이 받아들여질 리 없으므로 초야로 물러나 묵묵히 명철보신하는 것이 옳다는 말이다.

《시경》 대아大雅〈증민烝民〉편의 시다. 이른바 명철보신明哲保身, 즉 현명하고 지혜롭게 자신을 보전하는 것을 읊은 시로, 나라에 도가 있으면 나아가 백성을 구제하는 것에 힘쓰고, 나라에 도가 없으면 물러나 자신을 수양하는 것에 힘쓰는 군자의 모습을 말했다.

大哉聖人之道! 洋洋乎! 發育萬物, 峻極于天. 優優大哉! 禮儀三百, 威儀三千.
대재성인지도 양양호 발육만물 준극우천 우우대재 례의삼백 위의삼천

待其人而後行. 故曰苟不至德, 至道不凝焉. 故君子尊德性而道問學,
대기인이후행 고왈구불지덕 지도부응언 고군자존덕성이도문학

致廣大而盡精微, 極高明而道中庸. 溫故而知新, 敦厚以崇禮. 是故居上不驕,
치광대이진정미 극고명이도중용 온고이지신 돈후이숭례 시고거상불교

爲下不倍, 國有道其言足以興, 國無道其黙足以容.
위하불배 국유도기언족이흥 국무도기묵족이용

詩曰: "旣明且哲, 以保其身." 其此之謂與!
시왈 기명차철 이보기신 기차지위여

# 제28장

# 길은 가까이에 있다

공자가 말했다.

"우매한 자가 스스로 마음대로 쓰기를 좋아하고, 비천한 자가 스스로 마음대로 하기를 좋아하고, 지금의 세상에 살면서 옛적의 도로 돌아가려고 하면, 이와 같은 자에게는 재앙이 그 몸에 미칠 것이다." 천자가 아니면 예의를 논하지 못하고, 법도를 제정하지 못하고, 문자를 교정하지 못한다. 지금 온 천하가 수레의 규격을 같이하고, 글을 쓸 때 문자를 같이 쓰고, 행동할 때 윤리를 같이 한다. 비록 그만한 지위가 있더라도 진정 그만한 덕이 없으면 감히 예악을 제정할 수 없고, 비록 그만한 덕이 있더라도 진정 그만한 지위가 없으면 역시 감히 예악을 제정할 수 없다.

공자가 말했다.

"내가 하夏나라의 예악제도를 말하기는 하지만 기杞나라에 전해지는 것으로는 충분히 증명하지 못한다. 내가 은殷나라의 예악제도를 배우기는 했지만 송宋나라에 남아 있을 따름이다. 나는 주周나라의 예악제도를 배웠으며 지금까지 사용되고 있으니, 나는 주나라를 따르겠다."

○ 우매한 자가 자신의 우매함을 깨닫지 못하고 사람을 마음대로 쓰려 하고, 비천한 자가 자신의 비천함을 깨닫지 못하고 만사를 마음대로 처리하려 하고, 시대의 흐름에 거역하려 하는 것은 모두 자신의 처지와 위치를 깨닫지 못하는 예로, 재앙이 그 몸에 미칠 것이라며 강력히 경고한 말이다.

천자는 천명을 받아서 하늘을 대신하여 천하를 통솔하는 존재로, 최고 덕을 갖춘 인물이 자리해야 한다. 또한 예의·제도·문자는 천하의 모든 사람이 공유하며 함께 지키고 따라야 하는 사회 질서의 근간으로, 세 가지에 혼란이 일어나면 사회 질서 역시 혼란에 빠지게 된다. 따라서 천자가 아니면 예의를 논하지 못하고, 법도를 제정하지 못하고, 문자를 교정하지 못한다고 한 것이다.

수레의 규격을 같이하고, 글을 쓸 때 문자를 같이 쓰고, 행동할 때 윤리를 같이한다는 것은 하나의 제도·하나의 문자·하나의 윤리로 통일되었다는 말로, 이는 천하가 통일된 상태를 의미한다. 이 말로 인하여 《중용》이 완성된 때는 적어도 진秦나라 통일 이후 또는 한漢나라 때일 것이라는 설이 강력히 제기되어 왔다. 제도·문자·윤리를 같이한다는 것은 천하가 하나로 통일된 상태를 말하며, 이런 상황은 진秦나라 통일 이후에나 가능하기 때문이다. 실제로 춘추전국 시대는 천하가 여러 나라로 분열되어 패권을 다투던 시기로, 각 나라마다 제도와 복식이 다르고 언어와 문자가 달라서 동일한 문화를 형성하지 못했었다.

여기서 예악은 문물제도를 포괄하는 말이다. 문물제도를 제정하려면 두 가지 요건을 갖추어야 한다고 말했다. 바로 덕망과 지위이다. 문물 제도는 나라를 운영하는 기본 골격으로, 만인을 이끌어 함께 지성의 도를 실현함으로써 평화와 행복이 깃든 대동 사회로 나아갈 수 있게 하는 방향으로 제정되어야 한다. 이를 위해서는 온전한 덕을 갖춘 사람이 예악을 제정해야 한다. 온전한 덕을 갖춘 사람만이 사리사욕에서 벗어나 진정 만인을 위한 예악을 제정할 수 있기 때문이다.

또한 최고 지위에 오른 사람이 제정해야 한다. 그래야 만인을 이끌고 따르게 할 수 있기 때문이다. 둘 중 하나라도 없으면 진정 만인을 위하고 만인이 동참하도록 이끌 수 있는 예악을 제정하는 것이 불가능하다. 지위는 있으되 덕망이 없어서 사리사욕을 채우기 위한 예악을 제정한 경우는 역대의 폭군이 대표적이며, 덕망은 있으되 지위가 없어 예악을 제정할 수 없었던 경우는 공자와 맹자가 대표적이다. 그러므로 지극한 덕을 이룬 사람이 최고 자리에 올라야 한다는 성왕聖王 논리가 고금을 불문하고 통용되는 것이다.

주나라 무왕武王이 상商나라를 정벌하고 옛날 하夏나라 후손을 찾아 기杞 지방에 책봉해주어 하나라 시조 우왕禹王의 제사를 받들고 후손을 잇게 했다. 이것이 기杞나라이다. 또한 무왕이 상나라를 정벌하고 폭군 주왕紂王의 아들 무경武庚을 찾아 송宋 지방에 책봉해주어 상나라 시조 탕왕湯王의 제사를 받들고 후손을 잇게 했다가, 후에 무경이 반란을 일으켜 이를 평정하고 주왕의 서형庶兄 미자微子에게 책봉해주었다.

공자가 하夏나라의 예악제도를 말하기는 하지만 기나라에 전해지는 것으로는 충분히 증명하지 못한다고 한 것은 옛날 하나라 문물제도가 훌륭했다고 하지만 워낙 오랜 기간이 흘렀기 때문에 그 후손이 살고 있다는 기나라를 찾아가도 그 모습이 남아 있지 않아 증명할 수 없다는 말이다. 또한 은殷나라의 예악제도를 배우기는 했지만 송宋나라에 남아 있을 따름이라고 한 것은 옛날 은나라 문물제도가 훌륭했다고 하지만 역시 오랜 시간이 흘러 그 후손이 살고 있는 송나라에 일부가 남아 있을 뿐이라는 말이다. 따라서 공자는 자신도 배웠고 또한 지금 시행되고 있어 증명할 수 있는 주나라의 예를 따르겠다고 말한 것이다. 공자가 주나라의 예를 존중한 까닭이 여기에 있다.

子曰: 愚而好自用, 賤而好自專, 生乎今之世, 反古之道.
자왈 우이호자용 천이호자전 생호금지세 반고지도

如此者, 烖及其身者也. 非天子, 不議禮, 不制度, 不考文. 今天下老同軌,
여차자 재급기신자야 비천자 불의례 불제도 불고문 금천하거동궤

書同文, 行同倫. 雖有其位, 苟無其德, 不敢作禮樂焉. 雖有其德, 苟無其位,
서동문 행동륜 수유기위 구무기덕 불감작례악언 수유기덕 구무기위

亦不敢作禮樂焉. 子曰: 吾說夏禮, 杞不足徵也. 吾學殷禮, 有宋存焉.
역불감작례악언 자왈 오설하례 기부족징야 오학은례 유송존언

吾學周禮, 今用之, 吾從周.
오학주례 금용지 오종주

# 제29장

# 세 가지 덕惠

천하의 왕 노릇 하는 데 세 가지 중요한 것을 갖추고 있으면 과오가 적을 것이다. 먼 앞 시대 것은 비록 훌륭했지만 증명할 길이 없으니, 증명할 길이 없으면 믿음을 얻지 못하고, 믿음을 얻지 못하면 백성은 따르지 않는다. 지위 낮은 자의 덕은 비록 훌륭하지만 지위가 높지 않으니, 지위가 높지 않으면 믿음을 얻지 못하고, 믿음을 얻지 못하면 백성은 따르지 않는다. 그러므로 군자의 도는 자신에게 뿌리를 두면서 서민에게 증험을 구하고, 삼왕에 견주어 살펴보아도 어긋나지 않고, 천지에 세워보아도 그릇되지 않고, 귀신에게 물어보아도 의심할 것이 없고, 백 세 후 성인을 기다려도 의혹 받지 않는다. 귀신에게 물어보아도 의심할 것이 없는 것은 하늘의 이치를 아는 것이요, 백 세 후 성인을 기다려도 의혹 받지 않는 것은 사람의 도리를 아는 것이다. 그러므로 군자가 움직이면 대대로 천하의 도가 되고, 행하면 대대로 천하의 법이 되고, 말을 하면 대대로 천하의 준칙이 된다. 멀리서는 그 덕이 찾아오기를 바라고, 가까이에서는 싫어할 줄 모른다. 《시경》의 시에서 "저기 미워하는 자가 없고, 여기 싫어하는 자가 없네, 밤낮으로 근신하여, 영예 길이 보전하길 바라노라"라고 하였으니, 이와 같은데도 천하에서 일찍 영예를 얻지 않은 군자는 없었다.

---

○ 천하의 왕 노릇 한다는 것은 천자가 되어 천하에 군림하는 것을 뜻한다. 이에 삼중三重, 즉 세 가지 중요한 것을 갖추면 과

오 없이 통치를 잘할 수 있을 것이라는 말이다. 중요한 세 가지가 무엇인지 이후 직접 언급한 내용이 없어서 이견이 있었다. 대표적인 두 가지를 들어본다.

주희는 앞에서 나왔던 내용에 의거하여 천자로서 예악을 논하여 적절하게 조정하고, 만인을 위한 법도를 제정하고, 문자의 혼란을 살펴 바로잡는 것을 말한다고 했다. 정현鄭玄은 삼왕三王의 예禮, 즉 하나라 우왕禹王·상나라 탕왕湯王·주나라 문왕과 무왕의 문물제도를 말한다고 했다.

상上은 상고上古, 즉 먼 옛날을 말한다. 여기서는 주나라 이전의 문물제도를 일컫는 것으로 보았다. 먼 옛날 문물제도가 훌륭했다고 하지만 단지 말로만 전해지는 것일 뿐 남아 있는 것이 없으니 증명할 길이 없어 따르지 않는다는 말이다.

하下는 지위가 낮은 것을 말한다. 아무리 완전한 인격과 덕망을 갖추었다고 해도 지위가 낮으면 문물제도를 심의·제정·시행할 수 있는 기회가 주어지지 않게 마련이며, 올바른 정책과 대안을 제시한다고 해도 지위가 낮아서 만인의 믿음을 얻지 못하고 백성은 따르지 않는다는 말이다.

자신에게 뿌리를 둔다는 것은 천하를 통치하는 일도 역시 인간의 도리와 하늘의 이치를 체득해 완성한 자신의 덕성에 근본을 두어야 한다는 말이다. 천하를 통치하는 일도 결국 자신이 완성한 덕성을 미루어 확충하는 것이기 때문이다.

서민에게 증험을 구한다는 것은 자신의 덕성을 통해 수립한 통치 규범이 만인이 공유하는 보편적 정서에 맞아야 한다는 말이다. 군자의 통치란 자신이 이룩한 덕성을 발현하고 확충하여 만인이 함께 인간의 길을 완성하도록 이끄는 것을 말한다. 따라서 만인의 정서에 맞지 않는 통치는 만인의 저항을 받게 마련이며, 그런 통치를 유지하려면 갈수록 더욱더 만인의 정서를 위배하는 통치를 하게 마련이니, 그러므로 폭력이 폭력을 낳고 독재가 독재를 낳는다고 했다.

군자의 정치는 자신의 덕성에 뿌리를 두면서, 시간적으로는 아득한 옛날부터 먼 훗날에 이르기까지, 공간적으로는 나의 개체로부터 타인과 만물 및 나아가 천지를 포함한 전 우주에 이르기까지 통용될 수 있는 정치여야 한다는 말이다.

《시경》주송周頌〈진로振鷺〉편의 시다. 군자가 덕의 정치를 펼침으로써 천하 사방의 백성이 공경하고 우러르며 성왕의 영예를 길이 보전하길 바란다는 내용이다. 하늘의 이치를 알고 인간의 도리를 실현하여 만인이 함께 인간의 도리를 다하도록 이끌고, 선대의 성왕·천지·귀신·후대의 성인 어느 하나에도 부끄러움 없는 정치를 행하는 군자는 영원토록 성왕의 영예를 보전할 것이라는 말이다.

처음 읽는 대학·중용

王天下有三重焉, 其寡過矣乎! 上焉者雖善無徵,
왕천하유삼중언 기과과의호 상언자수선무징

無徵不信, 不信民弗從. 下焉者雖善不尊, 不尊不信, 不信民弗從.
무징불신 불신민불종 하언자수선부존 부존불신 불신민불종

故君子之道: 本諸身, 徵諸庶民, 考諸三王而不繆, 建諸天地而不悖,
고군자지도 본저신 징저서민 고저삼왕이불무 건저천지이불패

質諸鬼神而無疑, 百世以俟聖人而不惑. 質諸鬼神而無疑, 知天也.
질저귀신이무의 백세이사성인이불혹 질저귀신이무의 지천야

百世以俟聖人而不惑, 知人也. 是故君子動而世爲天下道, 行而世爲天下法,
백세이사성인이불혹 지인야 시고군자동이세위천하도 행이세위천하법

言而世爲天下則. 遠之則有望, 近之則不厭. 詩曰: "在彼無惡, 在此無射
언이세위천하칙 원지즉유망 근지즉불염 시왈 재피무악 재차무역

庶幾夙夜, 以永終譽!" 君子未有不如此而蚤有譽於天下者也.
서기숙야 이영종예 군자미유불여차이조유예어천하자야

# 제30장

# 위대함을 이루다

공자는 요·순을 으뜸으로 이어받고, 문왕과 무왕을 법도로 삼았고, 위로 하늘의 이치를 법으로 삼았고, 아래로 물과 흙의 이치를 따랐다. 비유하면 천지가 받쳐 실어주지 않는 것이 없고 덮어 감싸주지 않는 것이 없음과 같으며, 비유하면 사철이 번갈아 운행하는 것과 같고, 해와 달이 번갈아 비추는 것과 같다. 만물이 함께 길러지되 서로 방해되지 않고, 도가 함께 행해지되 서로 위배되지 않아, 작은 덕은 냇물처럼 흐르고, 큰 덕은 두터이 교화를 이루니, 이는 천지가 그 위대함을 이룬 모습이다.

---

○ 요순을 으뜸으로 이어받았다는 것은 전설적인 이상 시대를 구현한 요순의 도를 최고 가치로 여겨 이를 잇고자 했다는 말이요, 문왕과 무왕을 법도로 삼았다는 것은 이상적인 문물 제도를 완성하도록 기틀을 마련한 문왕과 무왕의 정신과 업적을 드러내 밝히고자 했다는 말이다. 위로 하늘의 이치를 법으로 삼았고 아래로 물과 흙의 이치를 따랐다는 것은 우주 자연의 운행 질서와 이치를 본받아 인간의 도를 세우고 완성했다는 말이다. 천인합일의 사상을 완성한 공자의 업적을 말한 것이다.

하늘의 이치에 바탕을 둔 인간의 도리를 체득하여 구현하는 것이 《중용》의 궁극적 목표이니, 인간의 도가 완성된다는 것은 곧 하늘의 이치와 하나가 되는 것을 의미한다. 그런 경지에 다다른 자를 성인이라고 한다. 따라서 천지가 만물을 싣고 덮는 것과 같고, 사철이 번갈아 운행하는 것과 같고, 해와 달이 번갈아 비추는 것과 같다는 말로, 공자의 덕이 미치는 공간의 무한함과 시간의 영원함을 찬미한 것이다.

땅이 싣고 하늘이 덮은 가운데 만물은 각각 자기의 본성을 지니고 자기의 본성에 따라 생성하고 소멸하여 서로를 방해하지 않는다. 하늘을 날고, 물속을 헤엄치고, 땅 위를 달리고, 땅 속에 심겨진 천지 안의 모든 금수와 초목이 각각 부여받은 자신의 본성이 있어 방해받지 않고 나름대로의 삶을 누린다는 것이다. 또한 낮이 가면 밤이 오고, 사계절이 번갈아 찾아 들며, 따뜻하고 시원하고 춥고 더운 것이 질서 있게 운행되어 끊이지 않는 것은 도가 함께 행해지되 서로 위배되지 않는 것이라고 했다.

위와 같은 현상과 질서가 있게 하는 개체의 원리를 소덕小德, 즉 작은 덕이라고 했고, 작은 덕의 근원이 되는 본체를 대덕大德, 즉 큰 덕이라고 하여 작은 덕은 냇물처럼 흐르고 큰 덕은 두터이 교화를 이룬다고 했다. 냇물처럼 흐른다는 것은 끊임없이 쉬지 않고 흐름을 말한 것이며, 수천수만 갈래로 갈라져 흘러도 그 줄기는 분명히 드러남을 말한 것이다. 그러므로 작은 덕과 큰 덕은 별개의 것이 아니라 하나이다. 우주 만물과 온갖 현상의 바탕을 이루는 각각의 개체가 작은 덕이면서, 이 모두가 하나의 근원으로 돌아가니, 그 하나의 근원은 다름 아닌 큰 덕이다. 큰 덕은 결국 우주 만물에 조화와 질서를 부여하고 끊임없이 진행되게 하는 원리, 즉 진실무망을 말한다.

仲尼祖述堯舜, 憲章文武. 上律天時, 下襲水土. 辟如天地之無不持載,
중니조술요순 헌장문무 상률천시 하습수토 비여천지지무불지재

無不覆幬, 辟如四時之錯行, 如日月之代明. 萬物並育而不相害,
무불복주 비여사시지착행 여일월지대명 만물병육이불상해

道並行而不相悖, 小德川流, 大德敦化, 此天地之所以爲大也.
도병행이불상패 소덕천류 대덕돈화 차천지지소이위대야

# 제31장

# 만백성을
# 보살펴 이끌다

# 01

오직 천하의 지극한 성인만이 군림할 수 있을 만큼 총명하고 지혜롭고, 포용할 수 있을 만큼 관대하고 너그럽고 따스하고 부드럽고, 고집할 수 있을 만큼 강하고 군세고, 공경할 수 있을 만큼 단정하고 장엄하고 적절하고 올바르고, 판별할 수 있을 만큼 화려하고 조리 있고 치밀하고 분명하다. 광대하고 심원하여 때에 맞춰 발현된다. 광대함은 하늘과 같고 심원함은 연못과 같아, 나타나면 공경하지 않는 사람 없고, 말을 하면 믿지 않는 사람 없고, 행동하면 기뻐하지 않는 사람 없다. 이리하여 명성이 중원에 가득 넘쳐 남북 야만 지역까지 뻗어나가, 배가 닿는 곳, 수레가 이르는 곳, 사람의 힘이 미치는 곳, 하늘이 덮은 곳과 땅이 실은 곳, 해와 달이 비치는 곳과 서리와 이슬이 내리는 곳의 모든 혈기 있는 것들이 존중하고 친애하지 않는 것이 없으니, 그러므로 하늘에 짝한다고 하는 것이다.

---

처음 읽는 대학·중용

○ 오직 성인만이 사람의 도리와 하늘의 이치를 터득하여 실현할 수 있고, 따라서 오직 성인만이 천하에 군림하여 만백성을 보살피고 끌어 줄 자격을 갖추었음을 말한 것이다. 이어서 성인의 도가 발현되는 모습과 결과를 열거했다.

관대하고 너그럽고 따스하고 부드럽게 포용하는 인仁과, 강하고 군세게 자기 주체를 확립하는 의義와, 단정하고 바른 몸가짐으로 항상 경건한 자세를 가지는 예禮와, 조리 있고 세밀하게 만물의 이치를 따져 옳고 그름을 판별하는 지智를 갖춘 성인만이 천하에 군림하여 만인을 다스릴 수 있다는 말이다.

이어서 성인의 덕이 충만하여 하늘처럼 광대하고 연못처럼 심원함을 말했다. 하늘이 끝없이 넓고 크게 뻗어 있어 광대함을 표상하듯이 성인의 덕 역시 넓고 크게 뻗어간다는 말이요, 연못이 깊고 그윽하여 심원함을 표상하듯이 성인의 덕 역시 심원하게 자리한다는 말이다.

당시 사람들은 중원을 세계의 중심이자 문화의 중심으로 보았으며, 중원을 벗어난 사방 변경 이민족은 문화가 뒤떨어졌기 때문에 야만 민족으로 보아 교화의 대상으로 여겼다. 여기서 명성이 중원에 가득 넘쳐 남쪽과 북쪽의 야만 지역까지 뻗친다는 것은 성인의 덕이 중원뿐만 아니라 이민족 지역까지 교화하여 하나의 천하를 건설한다는 것이다.

唯天下至聖, 爲能聰明睿知, 足以有臨也. 寬裕溫柔, 足以有容也.
유천하지성 위능총명예지 족이유림야 관유온유 족이유용야

發强剛毅, 足以有執也. 齊莊中正, 足以有敬也. 文理密察, 足以有別也.
발강강의 족이유집야 제장중정 족이유경야 문리밀찰 족이유별야

溥博淵泉, 而時出之. 溥博如天, 淵泉如淵. 見而民莫不敬, 言而民莫不信,
부박연천 이시출지 부박여천 연천여연 견이민막불경 언이민막불신

行而民莫不說. 是以聲名洋溢乎中國, 施及蠻貊 舟車所至, 人力所通,
행이민막불열 시이성명양일호중국 시급만맥 주거소지 인력소통

天之所覆, 地之所載, 日月所照, 霜露所隊, 凡有血氣者, 莫不尊親, 故曰配天.
천지소복 지지소재 일월소조 상로소대 범유혈기자 막불존친 고왈배천

# 제32장

# 넓고 깊은 진실무망

# 01

오직 천하의 지극히 진실무망한 자만이 천하의 위대한 상도常道를 경륜할 수 있고, 천하의 커다란 근본을 세울 수 있고, 천지가 만물을 길러내는 것을 알 수 있다. 어찌 의지하는 바가 있겠는가! 간절하고 정성되다 그 인이여! 깊고 깊은 그 연못이여! 넓고 넓은 그 하늘이여! 실로 진정 총명하고 성스럽고 지혜로워 하늘의 덕에 도달한 자가 아니라면 그 누가 알 수 있으리오.

○ 천하의 지극히 진실무망한 자는 곧 성인을 말한다. 앞에서는 자기로부터 타인을 거쳐 우주 만물에까지 뻗어 나가는 성인의 덕이 광대하고 영원한 모습을 말하였고, 여기서는 성인의 덕이 작용하여 인륜과 법도를 세우고 천하를 경영하는 것을 말했다.

상도常道는 시간과 장소를 불문하고 누구에게나 보편적으로 적용되는 불변의 진리를 말한다. 인륜에서는 군신·부자·형제·부부·붕우 사이에 주어지는 규범과 준칙이 상도의 한 예이다. 오직 천하의 진실무망한 자만이 천하의 위대한 상도를 경륜할 수 있다는 말은 오직 성인만이 지극히 진실무망하여 인륜의 마땅한 규범과 준칙을 세움으로써 천하와 후세의 본보기가 될 수 있다는 말이다.

또한 천하의 커다란 근본을 세운다는 것은 하늘로부터 부여받은 인간의 본성에 한치의 사사로운 욕심도 개입되지 않아, 도의 천변만화가 모두 이로부터 나온다는 말이다. 이리하여 천지가 만물을 화육하는 도를 알게 된다고 하였으니, 이는 단지 보고 들어서 아는 것이 아니라 천지가 만물을 화육하는 작용

처음 읽는 대학·중용

과 완전히 하나가 되는 것을 의미한다.

간절하고 정성되다는 말은 천하의 위대한 상도常道를 경륜하는 것이 간절하고 정성되다는 말이요, 깊고 깊은 그 연못이라는 말은 천하의 커다란 근본을 세우는 것이 깊고 깊은 연못과 하나된 경지라는 말이요, 넓고 넓은 그 하늘이라는 말은 천지의 작용을 알아 넓고 넓은 하늘과 하나된 경지라는 말이다.

이 장은 첫 장에서 말한 '도를 마름질하는 것이 教教'라는 것을 설명한 것이다. 즉, 사람이 언제 어디서든 크고 작은 무슨 일을 하든 반드시 따라야 할 도리와 이치가 도이며, 이 도를 하나하나의 교훈·예절·법칙·제도 등으로 구체화시켜 사람마다 각자 실천하도록 지도하고 계발하는 것이 教教, 즉 도를 마름질하는 것이라고 했다. 그런데 사람마다 도를 깨우치고 발현하는 것에 차이가 있으니, 성인聖人은 범인凡人을 이끌기 위하여 도를 마름질한다는 것이다. 그러므로 진정으로 총명하고 성스럽고 지혜로워 하늘의 덕에 도달한 자가 아니면 할 수 없다고 한 것이다.

唯天下至誠, 爲能經綸天下之大經, 立天下之大本, 知天地之化育.
유천하지성 위능경륜천하지대경 립천하지대본 지천지지화육

夫焉有所倚? 肫肫其仁! 淵淵其淵! 浩浩其天! 苟不固聰明聖知達天德者,
부언유소의 순순기인 연연기연 호호기천 구불고총명성지달천덕자

其孰能知之?
기숙능지지

# 제33장

# 군자의 도道

## 01

《시경》의 시에서 "비단 입고 홑옷 걸쳐"라고 하였으니, 화려함이 드러나는 것을 싫어한 것이다. 그러므로 군자의 도는 어둑어둑 하면서도 날로 밝아 오고, 소인의 도는 확연한 듯 하면서도 날로 사라진다. 군자의 도는 담담하되 싫지 않고, 간결하되 문채 있고, 따스하되 조리 있어, 먼 것이 가까운 것에서 비롯됨을 알고, 바람이 불어오는 곳이 있음을 알고, 은미한 것이 뚜렷이 드러남을 아니, 함께 덕에 들어갈 수 있다.

---

○《시경》위풍衛風 〈석인碩人〉 편 또는 정풍鄭風 〈봉丰〉 편의 시라고 하는데, 원문과 약간 다르다. 화려한 비단옷을 입은 위에 단조로운 홑옷을 덧입음으로써 비단옷의 화려함이 겉에 드러나지 않게 했다는 내용의 시를 인용하여, 앞서 첫 장에서 말했던 신독愼獨의 문제를 재론하고 있다. 어두운 곳보다 잘 드러나는 곳은 없고 미세한 것보다 잘 나타나는 것은 없기 때문에 군자는 홀로 있을 때를 가장 조심한다고 했는데, 이는 자신에게 엄숙하며 내면의 충실을 기하는 진정한 군자의 자세라고 했다. 이렇게 하여 쌓이는 덕이 남들에게 알려지길 바라서도 아니요, 남들에게 자랑하기 위해서도 아니다. 군자의 수양은 끊임없는 자기 계발과 충실에 있음을 강조한 말이다.

앞의 시로 비유하여 말하자면, 군자는 비단옷을 입었어도 홑옷을 덧입어서 화려함을 가리는 사람이요, 소인은 몸에 때가 가득한데 비단옷을 겉에 걸쳐 더러움을 가리고 화려함만 드러내는 사람이다. 따라서 군자의 도는 날이 갈수록 드러나게 마련이어서, 어두워 보이지만 날로 밝아오고, 소인의 도는 날이

처음 읽는 대학·중용

갈수록 빛을 잃게 마련이어서, 확실해 보이지만 날로 사라든
다는 말이다. 즉, 진실무망으로 끊임없이 자신을 수양하고 연
마하여 내면의 충실을 기하는 군자의 도는 인위적으로 노출하
고 과시하려 하지 않아도 점차 저절로 증험되어, 궁극에 가서
는 하늘과 짝하는 것이다.

군자는 내면이 충실하되 이를 겉으로 드러내 자랑하려 하지
않으니, 얼른 보면 비록 담담해도 오래갈수록 싫증나지 않으
며, 얼른 보면 비록 간소하고 투박해도 오래갈수록 내면의 충
실함이 드러난다.

먼 것이 가까운 것에서 비롯된다는 말은 현상의 만물이 나타
나는 것은 자기 자신으로부터 말미암는다는 말이요, 바람이
불어오는 곳이 있다는 말은 겉으로 드러나는 것은 내면에 근
본하고 있다는 말이요, 은미한 것이 뚜렷이 드러난다는 말은
내면에 있는 것이 겉으로 드러난다는 말이다.

이는 자기 자신과 세상 만물을 놓고 볼 때, 자기 자신은 내면의
주체요 세상 만물은 외면의 객체로, 주체인 자신의 충실에 전
심전력할 때 객체인 세상 만물도 진정한 존재의 의의를 가질
수 있다는 말이다.

---

詩曰: "衣錦尙絅." 惡其文之著也. 故君子之道, 闇然而日章. 小人之道,
시왈  의금상경  오기문지저야 고군자지도 암연이일장 소인지도

的然而日亡. 君子之道, 淡而不厭, 簡而文, 溫而理, 知遠之近, 知風之自,
적연이일망 군자지도 담이불염 간이문 온이리 지원지근 지풍지자

知微之顯, 可與入德矣.
지미지현 가여입덕의

## 02

《시경》의 시에서 "비록 깊이 숨었으나, 역시 밝게 드러나리"라고
했다. 그러므로 군자는 안으로 살펴 병폐가 없고 뜻에 부끄러움
이 없다. 군자의 경지에 이르지 못한다는 것은 오직 사람들이 보
지 못할 뿐이기 때문이다.

> ○《시경》소아小雅〈정월正月〉편의 시다. 역시 신독愼獨에 대
> 한 말로, 어두운 곳보다 잘 드러나는 곳은 없고 미세한 것보다
> 잘 나타나는 것은 없다는 내용을 설명한 시다.
> 신독을 설명하면서 말하였지만, 자기 내면의 선과 악, 진실과
> 거짓은 타인의 입장에서는 가장 어둡고 미세한 것이지만, 자
> 신의 입장에서는 가장 밝고 확연하게 알 수 있는 것이다. 이른
> 바 다른 어느 것도 속일 수 있을지언정 자기 자신은 속일 수 없
> 다는 말이다. 따라서 군자는 오직 자기 내면을 살펴 그릇되고
> 부끄러운 것이 없어야 한다는 말이다.

詩云: "潛雖伏矣, 亦孔之昭!" 故君子內省不疚, 無惡於志. 君子之所不可及者,
시운 잠수복의 역공지소 고군자내성불구 무악어지 군자지소불가급자

其唯人之所不見乎.
기유인지소불견호

# 03

《시경》의 시에서 "방에 있는 너를 보니, 옥루에 부끄럽지 않으리라"라고 했다. 그러므로 군자는 움직이지 않아도 존경받고, 말하지 않아도 신임받는다.

○《시경》대아大雅〈억抑〉편의 시다. 옥루屋漏는 방의 서북쪽 모퉁이로, 빛이 가장 적게 들어 가장 어둡고 후미진 곳이며, 또한 신주神主를 모시는 곳이기도 한다. 역시 신독을 말한 것으로, 옥루에 부끄럽지 않다는 것은 남의 이목이 미치지 않는 곳에 홀로 처해 있어도 항상 조심하고 경건하며 사악한 마음을 품지 않음으로써 자기 자신은 물론 신주의 신명함에도 부끄러움이 없어야 한다는 말이다. 그러나 근본은 역시 어느 무엇보다도 자기 자신에게 부끄러움이 없는 것에 있다. 그리하여 신독이 완성되어 굳이 구체적으로 어떤 움직임에 의해 나타나거나 말에 의해 증명되지 않아도 존경받고 신임받을 수 있다는 것이다.

詩云: "相在爾室, 尚不愧于屋漏." 故君子不動而敬, 不言而信.
시운 상재이실 상불괴우옥루 고군자부동이경 불언이신

# 04

《시경》의 시에서 "기도하며 말 없어도 다투는 것 없어지네"라고
했다. 그러므로 군자가 상 주지 않아도 백성들은 권면하고, 화내
지 않아도 백성들은 도끼나 작두보다 더 위엄을 느낀다.

---

○ 《시경》 상송商頌 〈열조烈祖〉 편의 시로, 원래 상商나라 탕왕
湯王을 제사할 때 연주하던 음악에 맞추어 읊었던 시라고 한
다. '주격奏假'은 '진격進格' 즉 제사할 때 신주 앞에 나아가 신
명함과 교감하여 통했다는 말이다. '기도하며 말 없어도 다투
는 것 없어지네'라는 말은 정성과 공경을 다하여 제사를 지내
서 훌륭한 조상의 신명함과 저절로 합치되어서 굳이 말로 이
르지 않아도 후손이 조상을 본받아 다툼 없이 화목하게 지낸
다는 말이다.

군자의 신독이 존경과 믿음을 받는 것에서 그치지 않고 나아
가 교화와 계도의 효과를 가져 온다는 말이다. 즉, 군자가 오직
자기 내면의 충실에 정성을 쏟으면 만인 역시 굳이 어떤 대가
나 명성을 바라지 않고 스스로에게 선행을 권하고 힘쓰는 효
과를 가져 오고, 화내지 않아도 도끼나 작두보다 더 위엄을 느
낀다는 말이다.

처음 읽는 대학·중용

---

詩曰: 奏假無言, 時靡有爭. 是故君子不賞而民勸, 不怒而民威於鈇鉞.
시왈 주격무언 시미유쟁 시고군자불상이민권 불노이민위어부월

《시경》의 시에서 "드러나지 않는 그 덕, 제후들 본받네"라고 했다. 그러므로 군자가 독실하고 공경하면 천하가 화평해진다.

---

○ 《시경》 주송周頌 〈열문烈文〉 편의 시다. 드러나지 않는 덕이라고 한 것은 덕이 지극한 경지에 이르면 그 넓이와 깊이를 헤아릴 수 없기 때문에 그 자취 또한 찾아볼 수 없다는 말이다. 군자의 신독이 가져오는 효과를 말했다. 즉, 넓이와 깊이를 헤아릴 수 없는 지극한 덕의 경지에 도달하면 그 효과 역시 무궁무진하다는 말이다. 천하를 다스리는 자리에 있는 성인군자, 즉 천자가 오직 자신의 내면을 갈고닦아 덕을 쌓는 것에 힘쓴다면 굳이 법률을 제정하고 상벌을 시행하기 이전에 천하 만물이 자연의 운행처럼 각자의 본분을 다하게 되니, 따라서 군자가 독실하고 공경하면 천하가 화평해진다고 한 것이다. 이는 또한 성인의 덕의 효용이 앞서 말한 상 주지 않아도 권면하고 화내지 않아도 외경하는 단계를 넘어서서 천지 세계의 운행처럼 보고 듣고 느끼지 않지만 각자 제 본분이 지켜져서 천하의 화평을 가져온다는 말이다.

詩曰: 不顯惟德! 百辟其刑之. 是故君子篤恭而天下平.
시왈 불현유덕 백벽기형지 시고군자독공이천하평

《시경》의 시에서 "나는 밝은 덕을 꿈꾸나니, 호령과 위용을 크게 여기지 않으리"라고 했다.

---

○ 《시경》 대아大雅 〈황의皇矣〉 편의 시다. 성聲과 색色은 천하를 거느리는 자가 만민에게 내리는 호령과 만민에게 보이는 위용을 말한다. 그런데 호령과 위용은 직접 내리고 직접 보이는 것이 아니라 저절로 드러나게 해야 한다는 말이다. 즉, 천하를 거느리는 자로서 오직 밝은 덕을 갖추어 밝히는 것에 전심전력해야 한다는 말이다.

---

詩云: 予懷明德, 不大聲以色.
시운 여회명덕 불대성이색

# 07

공자가 말했다.

"호령과 위용이 백성을 교화시키는 것은 말단이다."

○ 그러므로 공자 역시 시에 이어 호령과 위용이 백성을 교화
시키는 것은 말단이라고 추가 설명한 것이다. 이른바 완벽한
제도와 법령도 중요하지만 모든 것에 우선해야 하는 것이 통
치자의 인격과 덕망인 것이다.

子曰: 聲色之於以化民, 末也.
자왈 성색지어이화민 말야

《시경》의 시에서 "덕은 터럭과 같다네"라고 하였으니, 터럭은 그래도 비교할 것이 있다. "하늘이 하는 것은 소리도 없고 냄새도 없다"라고 하였으니, 지극하다.

○ 앞 시는 《시경》 대아大雅 〈증민烝民〉 편의 시요, 뒷 시는 《시경》 대아 〈문왕文王〉 편의 시다. 성인의 덕이 자취 없이 미세하고 은미하여 알기 힘든 것이 터럭과 같다는 말이다. 그러나 아무리 미세하고 은미해도 터럭 역시 보고 느낄 수 있는 것이어서, 성인의 덕을 비유하기에는 또한 모자라다는 말이다. 성인의 덕은 호령과 위용을 능사로 하지 않고 미세하고 은미함이 터럭과 같다고 하였으되, 터럭에 비유하는 것 또한 모자람이 있으니, 궁극적으로는 하늘에 닿아, 하늘이 만물을 화육하되 소리도 냄새도 없는 것과 같다는 말이다. 즉, 성인의 덕은 소리도 냄새도 없고 헤아릴 수도 없는 하늘의 덕으로 귀결된다는 말이다.

《중용》은 맨 처음 하늘과 사람의 관계를 규명하는 것으로부터 시작하였다. 《중용》은 하늘이 명하여 사람에게 부여된 것, 즉 사람이 타고난 본연의 바탕인 성性을 발현하고 확충하여 천인합일天人合一에 이르는 것을 목표로 하는 것이었다. 여기서 마지막 구절이 결국 처음 구절로 돌아감을 보게 된다.

詩曰: 德輶如毛, 毛猶有倫. 上天之載, 無聲無臭, 至矣!
시왈 덕유여모 모유유륜 상천지재 무성무취 지의

고전 친숙하게 읽기 시리즈 02

# 처음 읽는 대학·중용

**초판 1쇄 발행**  2016년 11월 22일

**엮은이** 주희
**옮긴이** 홍승직

**펴낸곳** (주)행성비
**펴낸이** 임태주

**편집주간** 여미숙  **책임편집** 박정화  **디자인** 정혜미

**출판등록번호** 제313-2010-208호
**주소** 서울시 마포구 토정로 222 한국출판콘텐츠센터 318호
**대표전화** 02-326-5913  **팩스** 02-326-5917
**이메일** hangseongb@naver.com  **홈페이지** www.planetb.co.kr

**ISBN** 979-11-87525-09-7  (04150)
       978-89-97132-95-9  (set)

※ 값은 뒤표지에 있습니다. 잘못 만들어진 책은 구입하신 서점에서 교환해 드립니다.
※ 이 도서의 국립중앙도서관 출판예정도서목록(CIP)은 서지정보유통지원시스템 홈페이지(http://seoji.nl.go.kr)와
   국가자료공동목록시스템(http://www.nl.go.kr/kolisnet)에서 이용하실 수 있습니다.
   (CIP제어번호 : CIP2016026382)

행성B는 독자 여러분의 참신한 기획 아이디어와 독창적인 원고를 기다리고 있습니다.
hangseongb@naver.com으로 보내주시면 소중하게 검토하겠습니다.

⬠ **행성B**잎새는 (주)행성비의 픽션·논픽션 브랜드입니다.